KB034277

정답없는 입시

균형

이 답이다

학 습 균 형
초등편

Contents

Part 1 ㅣ 초등학생 자녀의 마음성장 학습 코칭

Part 2 | 초등학생 자녀의 성공하는 학습로드맵

프롤로그

⋮

가장 어렵다는 자녀 교육,
균형을 가지면 어렵지 않습니다.

"아이 때문에 힘들어서 책을 찾아 읽었는데, 도움이 별로 안
되더라고요"

주위를 살펴보면 좋은 부모가 되려고 노력하는 부모들이 많
습니다. 그리고 그분들이 자녀 양육에 도움이 될 만한 책을 찾
아서 읽는 것을 볼 수 있습니다. 그런데 부모들이 책을 통해서
실질적인 도움을 받지 못했다는 이야기를 들으면 안타깝습니
다. 그만큼 좋은 부모가 되는 길이 쉽지 않다는 반증일 것 같습
니다. 부모들이 자녀 양육 중에서도 자녀 학습에 대한 책을 읽

는 이유가 있습니다. 그것은 사랑하는 자녀를 남부럽지 않게 잘 키우고 싶은 마음이 크기 때문입니다. 그런데 수고로이 책을 읽고도 자녀 학습에 대한 실제적인 도움을 받지 못한다면 실망스러울 것입니다. 더군다나 책의 내용이 자녀를 잘 못 키우고 있는 나쁜 부모라고 비난하는 것처럼 들리면 부모로서 죄책감과 좌절감을 느낄 수 있습니다. 그럼에도 불구하고 다시한번 좋은 부모가 되려는 마음으로 이 책을 집어 들고 고민하는 부모들을 응원하고 격려합니다. 누구든지 자녀가 태어난 후에 비로소 부모 역할을 시작합니다. 그렇기 때문에 처음부터 좋은 부모가 될 수는 없습니다. 자녀를 사랑하기 때문에 좋은 부모로 성장할 수 있는 것입니다. 그래서 부모들이 자녀 양육에 대한 좌절감을 느낀다면 좋은 부모로 성장하는 동기로 삼았으면 좋겠습니다. 이 세상에 완벽하게 좋은 부모는 존재하지 않습니다. 다만 사랑하는 자녀와 함께 성장하는 좋은 부모만 있을 뿐입니다.

이 책 [정답없는 입시 균형이 답이다] 학습균형 초등 편을 읽는 부모들도 사랑하는 자녀를 잘 키우기 위해서 많은 노력을 하고 있을 것입니다. 시중에는 이미 자녀 학습에 대한 책들이 많이 나와 있습니다. 그런데 부모 입장에서 책들을 살펴보면 아쉬운 점들이 많습니다. 가장 아쉬운 점은 부모들에게 자녀 학습에 대한 현실적이면서도 바람직한 시각을 동시에 제공하는 책을 찾기가 어렵다는 것입니다. 아무래도 저자들의 전문성에 따라서 자녀 학습에 대해 어느 한쪽의 이야기만 강조하기 때문인 것 같습니다. 그러다 보니 부모들은 어느 한쪽의 이야기만 찾아서 듣고 그 이야기만 옳다고 생각하기도 합니다. 그래서 심리학에서 말하는 확증편향(자신의 생각과 맞는 정보만 받아들이고 다른 정보는 무시하는 사고방식)의 오류에 빠지는 것을 볼 수 있습니다. 예를 들어, 자녀의 사회적 성공을 위해서 자녀가 공부를 잘하는 방법만을 찾는 부모들이 있습니다. 반대로 자녀의 개인적 행복을 위해서 자녀가 학업 스트레스를 안 받게 하는 방법만을 찾는 부모들도 있습니다. 그런데 자녀가 인생을 힘 있게 살아가려면 학습에서 성공 경험과 행복 경험이 적당히 버물어져야 합니다. 그렇기 때문에 부모가 자녀 학습에 대해 어느 한쪽으로 치우친 태도를 취하면 자녀의 인생에 독이 될 수 있습니다. 자녀가 인생을 행복하고 성공적으로 살기를 원한다면 부모가 먼저 학습균형을 이루는 것이 중요합니다.

부모는 자녀가 대학입시를 현실적으로 바라보고 준비할 수 있도록 도와줘야 합니다. 그리고 자녀가 학습과 진로에서 만족할만한 성취를 할 수 있게 마음의 힘인 인성(학습 인성, 진로 인성 등)이 성장할 수 있도록 책임지고 도와줘야 합니다. 많은 부모들이 자녀가 좋은 대학에 들어갈 수 있도록 하기 위해서 어릴 때부터 학습에 많은 비용을 쓰면서 학습 관리를 합니다. 그런데 부모 입장에서 자녀의 대학입시 결과가 만족스러운 경우가 그다지 많지 않은 것 같습니다. 게다가 지나치게 경쟁적인 대학입시 공부로 자녀의 심리적인 부작용도 많이 생깁니다. 이러한 자녀 교육 현실이 부모들을 혼란스럽고 무기력하게 만듭니다. 그렇기 때문에 부모가 대학입시를 목적으로 하는 교육의 현실을 제대로 알고, 자녀 양육의 목적과 태도를 분명하게 하는 것이 중요합니다. 그러기 위해서는 자녀 학습에 대해 균형 잡힌 시각을 제공하는 올바른 정보와 길잡이가 필요합니다.

이 책을 기획하고 집필한 저자들이 오랜 경험과 전문성을 바탕으로 자녀 학습으로 혼란스러운 부모들에게 자녀 학습에 대한 바른 정보와 방향을 제시할 것입니다. 사교육 1번지 강남에서 영재교육원장이자 입시컨설팅 원장인 최영득 선생님이 성공적인 대학입시를 목표로 초등학생 자녀에게 필요한 학습과 진학 정보를 알려드릴 것입니다. 그리고 심리상담사이자 아동·청소년 학습심리상담 전문가인 제가 자녀의 인성(학습 인성, 진로 인성 등)을 키워주는 것이 가장 효과적이고 성공적인 자녀 학습과 진로 코칭임을 확인시켜 드릴 것입니다. 저자들의 노고로 쓰인 이 책을 통해서 부모들이 지나치게 경쟁적인 대학입시로 인한 자녀 학습에 대한 불안을 떨쳐낼 수 있는 마음의 힘이 커지기를 바랍니다. 그리고 한발 더 나아가 부모들이 자녀 학습에 대한 균형 잡힌 태도로 자녀의 마음 성장과 성공적인 진학을 이루어 자녀가 진정 행복하고 성공적인 삶을 살 수 있도록 이끌어 주기를 기대합니다.

심리상담사 최옥찬

PART

1

초등학생 자녀의
마음성장 학습 코칭

제1장
자녀에 대한 이해

"아이가 집에서는 스마트폰만 봐요. 학교에서는 수업 중에도 웃기는 소리를 해서 많이 혼나나 봐요."

상담실에서 만난 서진이는 초등학교 4학년 남학생입니다. 서진이는 중학교 1학년 형이 있습니다. 서진이 아빠와 엄마는 둘 다 회사에 다니는 맞벌이 부부입니다. 그래서 서진이가 학교 가기 전에 출근하고 저녁에 들어옵니다. 그러다 보니 서진이 방과 후에 서진이를 돌봐줄 수가 없습니다. 그래도 다행인 것은 서진이 할머니가 근처에 사셔서 방과 후에 서진이를 잘 보살펴줍니다.

서진이 엄마는 퇴근 후에 집에 돌아와서 항상 서진이 숙제와 공부를 봐줍니다. 서진이는 보통 학교에서 숙제를 다하고 집에 옵니다. 그리고 엄마가 집에 올 때까지 스마트폰을 가지고 놉니다. 서진이는 스마트폰 게임을 매우 좋아합니다. 그래서 할머니가 저녁을 차려줘도 밥을 먹지 않고 게임을 하는 경우가 많습니다. 서진이는 공부를 잘 하는 편입니다. 학교 시험 성적도 좋습니다. 그러한 이유로 서진이 엄마는 서진이가 집에서 공부를 안 하고 스마트폰만 가지고 논다고 혼낼 수가 없었습니다.

　어느 날 서진이 엄마는 서진이가 학교에서 아이들에게 놀림을 받는다는 사실을 알게 되었습니다. 서진이 엄마는 직장맘으로서 자녀를 잘 보살피지 못하는 미안함이 컸기 때문에 서진이가 학교에서 놀림을 받는다는 사실에 충격을 받았습니다. 서진이 엄마는 서진이가 학교에서 어떻게 행동하고 지내는지 알아봤습니다. 서진이는 학교에서 우스꽝스러운 표정과 몸짓과 말로 친구들을 많이 웃겼습니다. 그런데 서진이가 수업 중에도 아이들을 웃기려고 해서 선생님에게 혼나는 일이 잦았습니다. 서진이 엄마가 더 당황스러웠던 사실은 서진이가 코를 후벼 파면서 아이들에게 묻히는 듯한 행동을 한다는 것이었습니다. 서진이가 코를 파서 아이들에게 묻히려고 하면 아이들이 소리를 지르고 화를 내면서 도망갔습니다. 서진이는 아이들의 반응이 재미있는지 선생님이 하지 말라고 해도 계속 했다고 합니다. 서진이가 아이들이 보기에 더러운 행동을 하다 보니 자연스럽게 따돌림을 당하고 놀림을 받았던 것입니다.

　상담센터에서 서진이를 처음 봤을 때 키도 큰 편인 초등학교 4학년 남학생이 마치 아기처럼 응석을 부리면서 엄마에게 안겨 있었습니다. 서진이 엄마의 말에 의하면 서진이 아빠는 두 아들을 엄격하게 대한다고 했습니다. 그런데 중학생인 서진이 형도 서진이를 무섭게 대해서 서진이 엄마가 속상하다고 했습니다. 서진이와 상담을 진행하면서 서진이가 왜 우스꽝스러운 행동을 하고 코를 후벼 파는 행동을 하는 지 알 수 있었습니다. 그리고 서진이가 엄마가 집에 오기 전에 왜 그렇게 스마트폰만 보려고 했는지도 이해할 수 있었습니다. 서진이에게 어떤 큰 문제가 있는 것은 아니었습니다. 다만, 서진이는 부모의 관심과 보살핌이 더 많이 필요한 아이일 뿐이었습니다.

서진이 엄마가 퇴근해서 집에 들어오면 서진이가 기다리고 원했던 엄마의 모습이 아니었습니다. 직장맘으로서 시간이 많지 않은 서진이 엄마는 서진이 공부가 뒤쳐질까봐 염려되어서 퇴근 후에 꼼꼼하게 공부와 숙제를 관리해 주었습니다. 그러다 보니 서진이는 엄마와 함께하는 시간이 즐겁지 않았습니다. 그래서 엄마가 집에 오기 전에 재미있는 스마트폰 게임을 어떻게든 더 많이 하려고 했던 것이었습니다. 그리고 서진이가 학교에서 우스꽝스러운 행동을 하는 것은 친구들과 친해지고 싶고 놀고 싶었기 때문이었습니다. 서진이가 친구들에게 코를 파서 묻히는 행동도 비슷한 이유였습니다. 서진이가 우스꽝스러운 행동과 코를 파서 묻히는 행동을 할 때마다 친구들은 서진이에게 관심을 보였습니다. 서진이는 친구들에게 관심을 받고 싶었던 것이었습니다. 서진이에게는 친구들의 관심이 긍정적이든 부정적이든 상관이 없었습니다. 서진이가 엄마와 아빠로부터 충분한 관심과 보살핌을 받지 못한다고 느끼기 때문에 나타나는 부적응적인 행동들이었습니다.

상담이 진행되면서 서진이 부모는 서진이의 행동을 이해할 수 있게 되었고, 이전보다 더 많은 관심과 사랑으로 서진이를 보살펴주었습니다. 그러면서 서진이가 보였던 문제 행동들이 서서히 사라졌습니다.

1. 자녀의 행동에는 목적이 있다.

자녀가 문제행동을 나타내면 대부분의 부모들은 자연스럽게 화를 냅니다. 부모들이 화가 나면 여러가지 방법으로 자녀를 혼냅니다. 부모가 자녀를 호되게 야단칠수록 자녀의 문제행동은 순식간에 사라집니다. 매로 손바닥을 때리는 것 같은 부모의 강한 처벌은 자녀의 문제행동을 사라지게 하는데 효과적으로 보입니다.

그런데 자녀의 문제행동은 부모로부터 처벌받는 그 순간에는 사라졌다가 어느새 다시 나타나서 부모를 또다시 화나게 합니다. 마치 다람쥐 쳇바퀴 돌듯이 부모는 자녀의 문제행동 때문에 화가 나고 자녀를 처벌하는 일이 반복해서 일어납니다. 이처럼 반복되는 상황때문에 부모는 지치지만 자녀의 문제행동은 사라지지 않습니다. 중요한 사실은 이러한 부정적인 상황을 부모가 바꿀 수 있다는 것입니다.

부모가 자녀의 문제행동이 나타나는 이유를 이해하는 것이 중요합니다. 자녀의 문제행동을 이해하면 효과적으로 대처할 수 있는 방법을 찾을 수 있습니다. 우선 자녀가 아무 이유없이 행동하지 않고 문제행동을 일으키는 목적이 있다는 사실을 기억해야 합니다. 부모가 자녀의 문제행동 이면에 있는 심리적인 목적을 이해할 수 있다면 이전과 다른 태도로 자녀의 문제행동을 대처할 수 있습니다. 이때 심리학적 지식은 부모가 자녀의 문제행동을 이해하는데 많은 도움을 줍니다. 심리학자 중에서 아들러(Alfred Adler)는 아이들의 행동을 이해할 수 있도록 많은 통찰을 제공하고 있습니다.

아들러는 아이들이 심리적으로 건강하게 성장하고 성과를 낼 수 있는 우월함을 추구하도록 하기 위해서는 지속적인 격려가 필요하다고 강조했습니다. 아들러가 격려의 중요성을 강조했기 때문인지 아이들 교육 분야에서는 아들러의 이론을 많이 적용합니다. 무엇보다도 아들러의 삶 자체가 자녀에게 부모의 격려가 얼마나 중요한지를 보여줍니다. 아들러는 어릴 적에 신체적으로 매우 약했고 공부도 잘 못했습니다. 심지어 아들러의 담임 선생님은 아들러의 아버지에게 아들러가 공부를 못하니까 구두수선공밖에 되지 못 할 것이라고 말하기도 했습니다. 그런데 신체적으로나 학습적으로 열등했던 아들러가 성장하여 세계에서 영향력 있는 심리학자 중 한 명이 되었습니다. 아들러가 자신의 분야에서 탁월해질 수 있었던 것은 아버지의 적극적인 격려가 있었기 때문이었습니다. 아들러의 삶과 이론이 증명하듯이 부모의 적극적인 격려는 자녀가 실패하더라도 포기하지 않고 끈기있게 우월함을 추구하여 성취하도록 하는 원동력이 됩니다.

아들러의 제자 중 한 명인 루돌프 드라이커스(Rudolf Dreikurs)는 아들러의 이론을 부모교육에 적용했습니다. 아들러의 영향을 받은 드라이커스는 무엇보다 부모와 자녀가 인격적으로 평등하다는 원칙을 강조했습니다. 그래서 부모는 자녀가 나쁜 행동을 할 때라도 벌을 주기보다는 자녀에게 올바른 방향을 알려주면서 좋은 행동을 하도록 격려하라고 했습니다.

가부장적인 시기의 부모들은 자녀의 행동을 변화시키기 위해서 상과 벌의 원칙으로 '당근과 채찍'을 사용했습니다. 즉, 부모가 하라는 대로 자녀가 잘하면 자녀에게 상을 주고 못하면 벌을 줬습니다. 이처럼 부모가 자녀에게 상과 벌을 주는 관계는 평등한 관계가 아닙니다. 물론 자녀의 행동을 변화시키기 위해 상과 벌을 사용하면 자녀의 행동에 변화가 일어나기도 합니다. 그러나 부모가 자녀에게 기대하는 바람직한 행동의 변화가 지속적으로 일어나지는 않습니다. 무엇보다 자녀의 행동 변화는 부모와 자녀의 평등한 관계 안에서 부모의 격려를 통해서 이루어집니다. 그래서 드라이커스는 가정에서 부모가 자녀를 대하는 부모의 양육태도를 매우 중요하게 보았습니다. 왜냐하면 자녀들은 부모와 함께 생활하면서 자신들의 태도, 성격, 가치관, 대인관계 방식 등을 형성해 나가기 때문입니다.

부모와 자녀는 긍정적이든 부정적이든 서로 영향을 주고받는 관계입니다. 자녀가 부모를 기분 나쁘게 하고 화나게 하는 행동들이 분명하게 있습니다. 부모는 이럴 때마다 자녀의 행동에 자극을 받아서 화가 나는 것입니다. 그렇기 때문에 부모를 화나게 하는 자녀의 문제행동이 왜 나타나는지를 이해한다면 부모가 화내지 않고 자녀를 수용할 수 있는 마음의 여유가 생깁니다. 부모가 자녀의 문제행동을 이해하고 수용할 수 있어야 자녀를 존중하면서 올바르게 훈육할 수 있습니다.

• 자녀의 문제행동 이해하기

자녀 훈육에 대한 책임은 일차적으로 부모에게 있습니다. 과거에 공동체성이 강한 마을 단위에서는 마을 구성원들이 자녀를 훈육하는 것이 가능했습니다. 그러나 핵가족화된 도시 사회에서는 '마을이 아이를 키운다'는 것이 거의 불가능해졌습니다. 그렇기 때문에 자녀 훈육이 전적으로 부모에게 맡겨지게 되었고 부모의 책임이 더 커질 수밖에 없게 되었습니다. 과거와 다른 양육 환경의 변화로 부모가 자녀의 문제행동을 이해하기 위해 공부하고 적절하고 효과적으로 대처하는 방법을 배워야 합니다. 자녀가 문제행동을 보이면 부모는 먼저 자녀가 그 행동을 통해서 얻고자 하는 바가 무엇인지 깨달아야 합니다. 그리고 자녀를 바람직한 방향으로 이끌어 주기 위해서 적절한 훈육을 해야 합니다. 자녀를 훈육할 때 중요한 원칙은 자녀가 자신의 행동이 옳지 않았다는 사실을 깊이 깨달아서 문제행동을 반복하지 않게 예방하는 것입니다.

아이들은 자신의 심리적인 목적(욕구)을 이루기 위해서 선택하는 네 가지 행동 유형이 있습니다. 드라이커스는 아이들의 행동에는 네 가지 잘못된 목적(욕구)과 그것을 이루기 위한 잘못된 행동양식이 있다고 했는데 [부모 자녀관계 증진을 위한 부모교육(2007)]을 참고하면 다음과 같습니다.

① 첫 번째 목적 '관심 끌기'

이것은 가족 내에서 자신의 위치를 차지하기 위한 소속의 욕구입니다. 이때 자녀가 바람직한 방법으로 가족구성원의 관심을 받을 수 없다고 생각하면 징징거리거나 말썽을 피우고 싸우는 등의 부정적인 방법을 활용합니다. 이러한 경우에 부모는 자녀의 긍정적인 행동에 대해서는 적극적으로 관심을 보이고 부정적인 행동은 무시해야 합니다. 자녀가 잘못된 행동으로는 자신이 원하는 부모의 관심을 얻을 수 없다는 것을 깨달아야 잘못된 행동을 포기하게 됩니다.

② 두 번째 목적 '힘겨루기'

자녀는 자기가 우월한 위치에 있거나 주도권을 가질 때 행복감을 느끼고 자신이 가치 있는 존재라고 느낍니다. 그렇기 때문에 부모와 힘겨루기를 하는 자녀는 자기 마음대로 행동하면서 모든 일을 처리하려고 합니다. 그래서 부모의 말에 '싫어! 안해!'라는 말을 자주합니다. 이것은 부모의 통제에 대한 거절을 표현하는 것입니다. 이러한 경우에 부모는 힘겨루기를 하는 자녀와의 갈등을 당연한 것으로 자연스럽게 받아들여야 합니다. 그리고 부모가 자녀의 행동에 흥분하거나 화를 내지 말고, 자녀의 감정에 우선 공감해주는 것이 무엇보다 중요합니다. 그리고 부모가 자녀에게 도움을 요청하는 것과 같이 협동을 하면서, 자녀가 자신의 힘을 바람직하게 사용할 수 있도록 가르쳐 주어야 합니다.

③ 세 번째 목적 '앙갚음하기(보복하기)'

부모에게 꾸중을 들은 자녀가 부모에게 보복하려는 마음으로 동생을 때리는 경우가 있습니다. 즉, 다른 사람에게 상처를 주어 자신의 위치를 확보하려는 것입니다. 자녀는 자신이 상처를 입으면 자신도 다른 사람에게 상처를 줍니다. 이러한 보복하기 행동은 아동의 인성에 매우 나쁜 영향을 줍니다. 그렇기 때문에 자녀가 부모와의 힘겨루기에서 이길 수 없다는 판단을 하고 보복으로 들어가기 전에 부모가 먼저 자녀와의 힘겨루기를 중단해야 합니다.

④ 네 번째 목적 '무능감 보이기'

이것은 관심 끌기, 힘겨루기, 보복하기 등의 결과가 자녀에게 만족스럽지 못할 때 나타나는 행동입니다. 실망이나 좌절, 포기나 퇴행과 같은 행동을 보여줌으로써 자신의 위치를 확고히 하려고 하는 것입니다. 이런 식으로 자녀가 부모에게 수동적으로 반응하거나 무반응하는 경우에는 자녀를 비난하거나 화를 내면 안 됩니다. 오히려 자녀의 특기나 장점을 찾아서 관심을 보이고, 적절한 칭찬과 격려를 아끼지 말아야 합니다. 또한 자녀의 잘못된 행동 목적을 긍정적인 행동 목적으로 설정할 수 있도록 지도해야 합니다.

이처럼 아이들은 자신의 행동을 통해서 얻고자 하는 심리적인 목적(욕구)이 있습니다. 부모가 자녀의 네 가지 잘못된 목적(욕구) 및 잘못된 행동양식을 이해하고 있으면 자녀의 문제행동을 좀 더 효과적으로 대처하고 올바르게 훈육할 수 있습니다. [부모코칭 프로그램 적극적인 부모역할(Active Parenting Now)]에서는 자녀가 자신의 목적을 이루기 위한 부정적인 행동과 부모의 태도 등을 다음과 같이 잘 정리해서 자녀를 훈육할 때 활용할 수 있도록 했습니다.

- 자녀가 목적을 이루기 위해 선택한 부정적인 행동

[부모코칭 프로그램 적극적인 부모역할(Active Parenting Now)에서 발췌]

자녀 행동의 기본 목적 (욕구)	자녀가 목적 (욕구)을 이루기 위한 접근방식	이러한 행동을 하는 자녀의 신념	부모가 느끼는 일반적인 감정	부모의 감정반응에 대한 자녀의 반응	부모가 취할 수 있는 행동
접촉 · 소속감	부당한 관심 끌기	나는 주목을 받거나 대접을 받을 때만 소속감을 느낀다. 세상이 나를 중심으로 돌아가야 한다.	짜증이 난다. 귀찮다.	일단 그 행동을 중단한다. 그러나 곧 다시 시작한다.	그러한 행동을 무시하라. 다음번에 자녀에게 충분한 관심을 보여 주도록 하라. 논리적인 결과와 자연적인 결과를 적용하라. 말을 줄이고 행동으로 보여 주라.
힘	반항	나는 내가 두목 노릇하거나, 상대방이 나를 함부로 부릴 수 없다는 것을 상대방에게 보여 줄 때에만 소속감을 느낀다.	화가 난다. 분노가 치민다.	화나게 하는 행동이 증가한다. 혹은 다음에 싸우기 위해서 일시적으로 수그러든다.	그와 같은 갈등장면에서 빠져나오라. 마음을 가라앉힐 시간을 가진 후에 다시 이야기하라. 싸우지도 말고 양보하지도 마라. '느슨한 대결'방법을 사용하라.
보호	앙갚음	나는 상처받았으므로 그 상처를 되갚아 줄 것이다. 그러면 그들은 나에게 상처를 입히고 나서는 절대로 도망갈 수 없다는 것을 알게 될 것이다.	속상하다. 상처받는다.	계속해서 부모의 마음에 상처를 주거나, 잘못된 행동을 증가시킨다.	자녀가 상처를 주는 행동을 못하게 하라. 갈등장면에서 벗어나 있으라. 앙갚음하려는 아이에게 사랑을 보여 주어라. 상처를 되돌려주고 싶은 마음을 버려라. '느슨한 대결'의 방법을 사용하라.
물러서기	과도한 회피	나는 모든 일에 '실패자'다. 나를 내버려 두어라. 나에게서 아무것도 기대하지 말라.	무기력해진다.	수동적으로 된다. 다시 시도해보기를 거부한다. 포기한다.	인내하라. 자녀를 격려해 줄 방법을 찾아라. 다시 첫 번째 단계로 되돌아가서 차근차근 대화하고 지도하는 기술을 습득하라.

　자녀가 자신의 심리적인 목적(욕구)을 이루기 위한 방법으로 부정적인 행동만을 선택하는 것은 아닙니다. [부모코칭 프로그램 적극적인 부모역할(Active Parenting Now)]에서는 자녀가 긍정적이고 바람직한 행동을 선택하도록 도와줄 수 있는 적극적인 부모역할(Active Parenting)을 강조합니다. 부모가 자녀의 행동변화를 원한다면 자신의 훈육 태도를 되돌아보고 적극적인 부모역할(Active Parenting)과 같은 바람직한 훈육 태도를 갖추어야 합니다. 부모가 자녀를 대하는 태도가 긍정적으로 변하면 자녀가 자신의 목적(욕구)을 이루기 위한 부정적인 행동을 버리고 긍정적인 행동을 선택하게 됩니다. [부모코칭 프로그램 적극적인 부모역할(Active Parenting Now)]에서는 자녀가 자신의 목적(욕구)을 이루기 위한 긍정적인 행동과 부모의 태도 등을 다음과 같이 잘 정리해서 자녀를 훈육할 때 활용할 수 있도록 했습니다.

- **자녀가 목적을 이루기 위해 선택한 긍정적인 행동**

[부모코칭 프로그램 적극적인 부모역할(Active Parenting Now)에서 발췌]

자녀 행동의 기본 목적 (욕구)	자녀가 목적 (욕구)을 이루기 위한 접근 방식	이러한 행동을 하는 자녀의 신념	부모가 느낄 수 있는 전형적인 감정	부모의 감정 반응에 대한 자녀의 반응	부모가 취할 수 있는 행동
접촉 · 소속감	기여하기 협동하기	내가 쓸모 있다고 인정받았다. 나는 협력함으로써 소속감을 느낀다. 나는 인간 접촉을 즐긴다.	친밀함	협동과 조력	협동을 장려하고 자녀의 조력을 인정하라
힘	독립심 능력	나는 나에게 일어나는 사건에 영향을 줄 수 있다. 나는 내 인생에 책임이 있다.	경탄	책임감 있고 자기-동기적인 행동, 학습하려함	책임감을 부과하라. 계속 격려하라.
보호	주장하기 정의로운 행동하기 용서하기	나는 공격받거나 부당하게 취급받을 때 내 자신과 내가 사랑하는 사람을 위해서 맞설 수 있다. 나는 용서할 수 있고 심지어 나에게 잘못한 사람에게 도움을 줄 수 있다.	사랑	긍정적인 접촉	당신 자신의 긍정적인 감정을 표현하라. 즉, 당신 자신의 삶에서 주장하기와 용서하기를 시범하라.
물러서기	자기만의 시간 갖기 적절한 회피	나도 가끔 혼자만의 시간이 필요하다. 그리고 홀로 지낼 공간도 필요하다.	존중	준비가 되면 다시 사람들과 접촉한다.	자녀가 혼자 있고 싶은 마음을 존중해 주어라. 압력을 가하지 마라. 나중에 적극적인 의사소통의 방법을 사용하라.

2. 자녀 학습문제 파악하기

✓ 자녀의 학습문제를 일으키는 원인이 있다.

상담실에서 학습문제로 힘들어하는 아이들을 만나면 학습에 부정적인 영향을 미치는 원인들을 전반적으로 살펴보게 됩니다. 아이들의 학습문제는 다양한 원인이 복합적으로 작용하여 나타날 수 있습니다. 그래서 아이들의 심리적인 고통을 상담할 때와 마찬가지로 학습문제를 상담할 때도 아이들의 인지, 정서, 행동, 환경 등을 전체적으로 확인합니다.

부모가 반드시 알아야 할 중요한 사실은 자녀의 학습문제에는 자녀의 힘든 마음이 숨겨져 있다는 것입니다. 어쩌면 자녀는 학습문제를 통해서 부모에게 도움을 요청하는 신호를 보내는 것입니다. 그리고 부모는 자녀의 학습문제를 통해서 자녀의 마음에 관심을 가지고 보살펴 줄 수 있는 기회가 생기는 것입니다. 그렇기 때문에 부모가 자녀의 학습문제를 대처할 때 자녀가 공부를 안 한다거나 못 한다고 비난하거나 야단치면 안 됩니다. 오히려 부모가 이전보다 더 세심한 관심을 가지고 자녀를 적극적으로 도와줘야 합니다.

그런데 부모들이 이러한 사실을 모르고 자녀의 학습문제를 적절하게 대처하지 못하기 때문에 시간이 지날수록 더 큰 어려움을 겪게 되는 것입니다. 안타깝게도 부모들이 자녀의 육체적인 아픔과는 다르게 마음의 아픔을 잘 대처하지 못하고 지나치는 경우가 많이 있습니다. 그런데 부모가 자녀의 아픈 마음을 오랫동안 방치하면 자녀의 심리적인 문제가 좀처럼 회복하기 어려운 상태가 될 수도 있습니다. 그렇기 때문에 자녀의 학습 문제를 오로지 학습 결과적인 측면에서만 바라보지 말고 자녀의 학습 동기인 마음에 영향을 미치는 것들을 주의해서 살펴봐야 합니다.

아이들이 학습을 힘들어하고 적응하지 못하는 모습을 나타낸다면 아이들의 인지, 정서, 행동, 환경 등을 하나씩 꼼꼼하게 확인해 볼 필요가 있습니다. 다음 표를 활용하여 확인하면 자녀의 학습문제를 효과적으로 대처하는데 도움이 될 것입니다.

확인할 부분	학습문제에 영향을 미치는 요인	찾은 원인
인지	지능(IQ), 선수학습 완수 정도, 선행학습 정도, 효과적인 공부방법	
정서	스트레스, 불안, 우울, 학습동기, 자존감(자아존중감), 회복탄력성	
행동	실행, 끈기, 몰입, 절제와 조절	
환경	가정 분위기, 부모–자녀 관계, 또래 관계, 학교 분위기, 선생님 관계	

① 자녀의 인지적인 부분

자녀의 학습문제가 나타날 때 가장 먼저 확인할 부분은 자녀의 인지적인 부분입니다. 특히, 자녀의 학습 능력과 학습 경험을 꼼꼼하게 확인해야 합니다. 자녀의 학습 성과는 학습 능력과 학습 경험을 바탕으로 해서 이루어지기 때문입니다.

초등학교 시기 시험 성적은 보통 자녀의 학습 지능(IQ)과 연관성이 높습니다. 자녀의 지능(IQ)이 높을수록 학습 이해력이 좋아서 지식을 빠르게 습득할 수 있고 암기 능력도 좋기 때문입니다. 그래서 학습 지능이 높은 아이들은 짧은 시간 공부를 하더라도 충분히 좋은 학습 성과를 낼 수 있습니다. 심지어 시험 전날에 벼락치기 공부를 하더라도 시험 성적이 좋을 수가 있습니다. 그러나 자녀의 머리가 아무리 좋아도 공부에 흥미가 없고 노력을 안 한다면 학습 성과가 좋지 않은 것은 당연합니다. 그렇기 때문에 자녀가 타고난 지능(IQ)을 충분히 발휘하기 위해서는 성실한 자기주도적인 학습 태도가 뒷받침되어야 합니다.

초등학교 시기에 자녀의 머리가 좋아서 성적이 잘 나온다고 하더라도 학년이 올라갈수록 학습 태도가 뒷받침되지 않으면 성적이 떨어질 수밖에 없습니다. 무엇보다 중학교 이후에는 자녀가 공부할 과목과 양이 초등학교 시기와 다르게 많아집니다. 그렇기 때문에 초등학교 시기에 통했던 벼락치기 같은 단기적인 암기 능력을 활용하는 학습 전략으로는 학습 성과를 내는데 한계가 있습니다. 그리고 무엇보다 아이들이 고등학교와 대학 입시 시험에서 성적을 잘 받기 위해서는 공부한 내용을 장기적으로 기억하는 학습 전략이 필요합니다.

학습에서의 장기 기억은 공부한 내용을 반복해서 공부하는 정기적인 반복 학습을 통해서만 가능합니다. 자녀가 반복 학습을 효과적으로 하기 위해서는 성실하고 끈기있는 학습 태도가 훈련되어 있어야 합니다. 이러한 이유로 머리는 좋은데 바람직한 학습 태도가 형성되지 않은 아이들은 학년이 올라갈수록 성적이 떨어질 수밖에 없습니다. 이러한 아이들은 학습에서 성취감을 경험했던 이전과 다르게 학년이 올라가고 공부량이 많아질수록 학습에서 실패감을 자주 경험하게 됩니다. 학습 지능은 높은데 성적이 잘 나오지 않고 떨어지기를 반복하면 머리가 좋은 아이일지라도 학습에서 자신감과 자존감이 낮아지고 공부에 흥미를 잃게 됩니다. 더욱 안타까운 사실은 자녀의 마음이 병들어 간다는 것입니다. 그래서 자녀가 일상에서 우울과 불안을 많이 느끼고 인생을 어떻게 살아야 할지 몰라서 좌절한 듯한 무기력한 모습을 보일 수 있습니다.

　학습 지능(IQ)은 평균 범위인데 자신의 머리가 매우 좋다고 생각하는 아이들이 있습니다. 이러한 아이들은 부모가 자녀의 학습 관리를 꼼꼼하게 해주기 때문에 학습 성과를 충분히 낼 수 있습니다. 어찌 보면 부모의 노력으로 만들어진 자녀의 학습 성과입니다. 실제로 엄마가 선행 학습 등으로 학습 관리를 철저하게 해주는 아이들은 초등학교 시기에 공부를 월등하게 잘 하기도 합니다. 이러한 아이들은 부모와 주위 사람들에게 칭찬을 많이 받고 기대도 많이 받습니다. 그런데 안타까운 사실은 이러한 아이들 중에는 학년이 올라갈수록 공부를 포기하는 경우가 발생하기도 합니다. 왜냐하면 자신의 학습 능력이 매우 좋은 줄 알았는데 그렇지 않다는 것을 현실적으로 실감하면서 이전에 받았던 칭찬과 기대를 충족시킬 수 없다는 것을 체감했기 때문입니다. 그리고 자신의 학습 능력에 비해서 과도하게 공부를 하다 보니 결국에는 지치고 소진되는 것입니다.

현실에서 학습 지능이 매우 높은 영재들이 분명히 있습니다. 영재들은 자신의 학년보다 몇 년 앞서는 공부를 해도 따라갈 수 있는 학습 능력이 됩니다. 그러나 대부분의 아이들은 웩슬러 지능 검사 결과로 보았을 때 '평균 지능'에 속합니다. 자녀의 학습 지능이 평균 범위에 속하면 대학 입시를 목표로 하는 공부를 하는데 어려움은 없습니다. 다만 과도한 공부량과 선행 학습이 어려운 것입니다. 그래서 부모는 자녀의 학습 능력을 정확하게 파악하는 것이 중요합니다. 자신의 학년보다 몇 년 앞서는 공부와 과도한 공부량은 학습 지능이 높고 바람직한 학습 태도가 뒷받침되는 극소수의 아이들이 가능한 것이기 때문입니다.

자녀의 학습문제가 나타날 때 이전 학년의 공부를 잘 이해하고 지나갔는지 확인하는 것이 중요합니다. 학습 지식은 집을 지을 때 벽돌을 쌓아 올리듯이 축적되어 가는 것입니다. 학교 교육과정은 이전 과정을 기반으로 해서 새로운 지식을 습득하게 합니다. 그렇기 때문에 자녀가 학년이 올라가면서 학습문제가 나타난다면 이전 학습에서 제대로 이해하지 못하고 지나간 부분이 없었는지 확인하는 것이 필요합니다.

부모는 자녀의 학습에서 부족한 부분을 찾아서 보충할 수 있게 도와줘야 할 책임이 있습니다. 부모가 자녀의 결핍된 지식을 적절한 시기에 찾아서 도와주지 못하면 자녀에게 학습 부진이 일어날 수도 있습니다. 자녀의 학습 부진은 초등학교보다 공부가 어려워지는 중학교에 진학할 즈음에 드러나는 경우가 있습니다. 자녀에게 학습 부진이 일어나면 학교나 학원에서 듣는 수업과 내용을 이해하기가 점점 힘들어지기 때문에 공부에 흥미를 잃게 됩니다. 어떤 아이들 같은 경우에는 초등학교 고학년이 될 때까지 학습 부진이 잘 드러나지 않는 경우도 있습니다. 아이들은 자신이 공부를 못한다는 사실이 알려져서 자존심이 상하고 창피한 것보다는 마치 다 이해하고 있는 것처럼 조용히 지나가기 때문입니다. 그래서 부모가 자녀의 학습을 잘 살펴보고 적절하게 개입하여 학습 부진이 일어나지 않도록 해야합니다.

② **자녀의 정서적인 부분**

자녀의 학습문제를 인지적인 부분에서 찾지 못했다면 자녀의 마음인 정서적인 부분을 확인해야 합니다. 자녀의 정서 상태는 학습 전반에 영향을 미치기 때문입니다. 부모가 자녀의 태도나 행동을 눈 여겨 본다면 자녀의 정서 상태를 어느 정도 파악할 수 있습니다. 그런데 자녀의 정서 상태를 분명하게 알 수 있는 가장 좋은 방법은 부모가 자녀의 이야기를 경청하고 공감하면서 확인하는 것입니다.

　자녀가 공부 스트레스를 많이 받으면 불안감과 우울감이 있을 수 있습니다. 만약에 자녀가 불안감과 우울감이 높으면 공부를 할 때 주의집중력이 떨어지고 암기력이 저하될 것입니다. 자녀의 높은 불안감과 우울감은 학습 능력을 현저하게 떨어뜨리기 때문입니다. 그래서 자녀가 오랜 시간 책상에 앉아서 공부를 하더라도 주의집중력과 암기력이 저하된 상태이기 때문에 학습 성과가 좋지 못합니다. 그래서 자녀가 실제로 공부를 했는데도 시험 결과가 좋지 않다보니 실망감과 좌절감 등으로 불안정한 정서 상태가 더 나빠지는 악순환의 늪에 빠질 수 있습니다. 그렇기 때문에 부모는 자녀가 불안정한 정서의 늪에 빠지지 않도록 예방적으로 미리 개입하여 도와줘야 합니다.

　학습에서는 아이들이 스스로 공부를 하려고 하는 마음 상태인 학습 동기가 중요합니다. 학습 동기가 있어야 학습 실행을 하기 때문입니다. 학습뿐만 아니라 어떤 일에서든지 책임감이 발달한 성인일지라도 자기 마음이 내키지 않으면 즉, 동기가 없으면 실행을 잘 안 합니다. 그런데 아이든지 어른이든지 외부의 압력에 의해 어쩔 수 없이 실행을 할 수는 있지만 대부분 만족스럽지 못한 결과를 냅니다. 무엇인가를 하고 싶고 해내려는 마음인 동기가 부족해서 그렇습니다. 그래서 아이들이 어떤 분야의 학습이든지 학습 동기가 분명하면 스스로 알아서 필요한 공부를 찾아서 하는 것을 볼 수 있습니다.

상담실에서 만나는 아이들에게 공부하는 이유를 물어보면 좋은 대학에 들어가서 돈을 많이 벌고 싶다고 대답하는 경우가 많습니다. 그런데 현재 공부하는 것이 너무 힘들고 스트레스를 많이 받으니까 고통스러운 것입니다. 아이들은 보통 고등학교 이전에는 대학입시를 목표로 하는 학습 동기가 잘 생기지 않습니다. 그렇기 때문에 자녀의 학습 동기를 높이기 위해서는 자녀의 연령에 따라 학습과 보상 간에 논리적이고 인과성이 있는 적절한 보상을 해주는 것이 효과적입니다.

가령, 자녀가 시험에서 전 과목 만점을 받으면 게임 속도가 빠른 컴퓨터로 바꿔준다고 약속하는 것은 적절하고 논리적인 보상이 아닙니다. 그런데 자녀의 점수가 많이 향상되면 가족과 함께 축하하기 위해서 자녀가 평소 가고 싶었던 맛집을 간다고 약속하는 것은 논리적인 보상의 좋은 예입니다. 자녀의 동기를 높이기 위해서 결과에 따라 주어지는 보상이 적절하지 않고 논리적이지 않으면 보상의 효과는 점점 사라지게 될 것입니다.

자녀의 학습 동기가 외적인 보상에 의존하게 된다면 시간이 지날수록 자녀는 더 큰 보상을 요구하면서 갈등을 일으킬 것입니다. 그렇기 때문에 보상은 자녀가 한 행동에 따라 논리적이고 합당하게 주어져야 합니다. 논리적인 보상은 부모의 양육 원칙에 따라서 자녀와 함께 이야기하고 합의해서 정하면 보상 효과가 훨씬 더 좋습니다. 그래서 부모가 자녀에게 주는 논리적인 보상은 자녀의 학습 동기를 높이는 역할을 합니다.

자녀가 자신의 정서 상태를 안정적으로 하기 위해서는 자아존중감과 회복탄력성이 있어야 합니다. 자녀의 자아존중감과 회복탄력성은 자녀가 어려움이 있어도 좌절하지 않고 건강한 정서상태를 유지해나가도록 하는데 중요한 역할을 합니다. 자녀의 자아존중감과 회복탄력성은 부모와의 친밀한 관계를 통해서 어릴 적부터 형성됩니다. 자녀의 자아존중감과 회복탄력성은 자기 자신을 둘러싸고 있는 세상에 대한 신뢰가 밑바탕이 됩니다. 자녀가 느끼는 세상에 대한 신뢰감의 핵심은 부모에 대한 신뢰감입니다. 즉, 자녀가 힘들고 고통스러울 때마다 전적으로 의지할 수 있는 부모가 있다는 정서와 믿음이 있어야 가능합니다.

③ 자녀의 행동의 문제

행동은 자녀가 학습을 할 때 보이는 학습 태도를 말합니다. 보통 자녀가 어떻게 공부를 하고 있는지 눈으로 확인할 수 있습니다. 자녀가 어릴 때부터 형성되는 학습 태도는 자녀의 학습 성과에 지속적으로 큰 영향을 미칩니다. 그렇기 때문에 부모는 자녀의 학습 태도가 어떤지 잘 살펴보고 도와줘야 합니다.

우선, 자녀가 공부를 계획했다면 반드시 계획대로 실행하는 것이 중요합니다. 상담실에서 만나는 부모들은 자녀가 공부 계획은 잘 세우는데 실제로 공부를 잘 안 한다고 답답해 합니다. 이러한 경우는 학습 실행력의 문제입니다. 부모 입장에서는 자녀가 공부 계획을 세우는 것이 터무니없어 보일 때가 있습니다. 실제로 어떤 아이들은 해내지 못할 정도로 무리하게 학습 계획을 세우기도 합니다. 반면에 어떤 아이들은 공부를 하겠다는 것인지 모를 정도로 허술하게 학습 계획을 세우기도 합니다. 그래서 자녀가 학습 계획을 세우기 전에 부모는 자녀와 함께 학습 목표를 정해야 합니다.

학습 계획은 학습 목표를 이루기 위한 것이어야 합니다. 학습 계획을 세우려면 이전 학습 경험을 바탕으로 자신의 학습 능력을 제대로 파악해야 합니다. 부모는 자녀가 자신의 학습 능력을 알고, 부모와 함께 정한 학습 목표에 따라 성과를 내기 위해서 학습 계획을 세우도록 도와줘야 합니다. 그리고 자녀가 계획하고 실행한 결과를 바탕으로 부모가 자녀의 학습 계획과 실행력을 함께 점검하여 강점과 약점을 확인하는 것이 좋습니다. 이러한 과정이 반복되면 자녀의 학습 계획력과 실행력이 높아질 것입니다.

다음으로 자녀가 공부를 시작하면 끝까지 해내는 것이 중요합니다. 자녀가 끈기 있게 공부를 해야 학습에서 성과를 낼 수 있습니다. '공부는 엉덩이로 하는 거다'라는 말이 끈기를 표현하는 말입니다. 그리고 자녀가 공부를 할 때는 집중해서 해야 합니다. 자녀가 책상에 오래 앉아서 공부하고 학원도 빠지지 않고 잘 다니는데, 성적이 잘 나오지 않는다고 하소연하는 부모들이 있습니다. 이러한 경우는 자녀의 학습 몰입의 문제일 수 있습니다. 아이들이 학습에 몰입하는 것과 정반대의 모습이 주의 산만입니다. 아이들이 학습을 할 때 주의산만한 모습은 학습 내용에 집중하지 못하고 몸이나 머릿속 생각이 분주하게 돌아 다니는 것으로 나타납니다. 자녀가 아무리 오랜 시간 앉아서 공부를 하더라도 학습에 몰입하지 않는다면 학습 성과를 낼 수 가 없습니다.

마지막으로 자녀가 충동적인 마음과 행동을 절제하고 조절할 수 있어야 합니다. 자녀가 목표한 학습 성과를 내기 위해서는 시간 관리와 건강관리 등 자신의 생활을 전반적으로 조절하고 관리할 수 있어야 합니다. 만약에 자녀가 공부를 마음 내키는 대로 충동적으로 한다면 자신이 목표하고 기대하는 학습 성과 를 낼 수가 없습니다.

④ 자녀의 환경적인 영향

아이들은 어른보다 환경의 영향을 더 많이 받습니다. 아이들 이 환경의 영향을 많이 받는 이유는 신체적으로나 심리적으로 발달 과정 중에 있는 미성숙함 때문입니다. 심리적으로 미성숙 하다는 것은 주체성이 발달하지 않았기 때문에 환경의 영향을 더 많이 받는다는 것입니다.

자녀의 학습문제가 나타나는 이유로 환경을 살펴볼 때는 먼 저 가정의 분위기를 확인해야 합니다. 아이들의 눈높이에 맞추 어 볼 때 가정 분위기에 가장 큰 영향을 미치는 것은 아버지와 어머니 사이의 갈등과 다툼인 경우가 많습니다. 만약 부부 사이에 갈등이 크고 싸움이 잦으면 자녀는 심리적으로 불안해집니다. 상담실에서 만나 본 대부분의 부모들은 자녀에 대한 사랑과 책임감이 있습니다. 그래서 자녀가 건강하게 잘 성장하기를 바라는 마음이 강한 동기가 되어서 부부 문제를 해결하려고 노력하는 것을 볼 수 있습니다. 이처럼 자녀를 위해서 부부의 갈등 문제를 해결하려고 노력하는 부모들 중에는 부부 관계가 이전보다 더 친밀하게 회복하는 경우도 있습니다. 자녀 문제로 상담실을 찾았지만 결국 부부 관계가 친밀해짐으로써 자녀의 심리적 상태가 건강해지고 가정의 분위기가 좋아지는 경우가 많이 있습니다.

가정의 분위기가 자녀의 학습문제에 영향을 미치는 것이 아니라면 자녀의 또래 관계를 확인해야 합니다. 아이들은 부모 다음으로 친구들의 영향을 많이 받습니다. 그렇기 때문에 자녀가 또래 관계에서 어려움이나 갈등이 있는지 확인해야 합니다. 자녀가 친구들과의 관계에서 어려움이 없어 보이면 학교 선생님과의 관계가 어떠한지 확인해야 합니다. 특히 초등학생 자녀에게는 학교 담임 선생님과의 관계가 중요합니다. 이와 같이 자녀의 환경이 자녀의 학습에 부정적인 영향을 미치지 않도록 하기 위해서는 부모가 자녀에게 관심을 가지고 대화를 해야 합니다. 자녀와 정기적이고 공감적인 대화를 통해서 부모는 자녀에게 일어날 수 있는 문제를 예방할 수 있습니다.

3. 자녀 학습문제 학습상담 이야기

학습상담 이야기는 상담실에서 만난 아이들의 실제 이야기를 바탕으로 해서 픽션으로 각색한 이야기들입니다. 자녀의 학습을 코칭할 때 부모에게 도움이 되는 주제들로 분류해서 자녀에게 나타날 수 있는 여러 가지 학습문제를 이해할 수 있도록 정리했습니다. 상담실에서 아이들을 만나다 보면 자주 접하게 되는 학습문제들이 있습니다. 그래서 아이들에게 자주 나타나는 학습문제들을 이해하고 있으면 부모가 자녀의 학습문제를 적절하게 대처하는 데 도움이 될 것입니다. 그리고 이전에 다룬 '자녀 학습 문제 파악하기'를 함께 살펴본다면 자녀의 학습문제를 보다 폭넓게 이해할 수 있을 것입니다.

상담실에서 만난 부모들이 사랑이 부족해서 오는 경우보다는 자녀에 대한 지식이 부족한 경우가 대부분입니다. 많은 부모가 자녀에 대해서 잘 몰랐기 때문에 자녀 양육을 하면서 실수를 하는 부분들이 있습니다. 부모가 자녀 양육을 하면서 부모 역할을 처음 해보기 때문에 이런저런 실수를 하면서 성장해가는 것입니다. 부모가 성장하는 데 있어서 예방적인 부모 교육이나 부모 상담이 부모가 미처 몰랐던 양육에 대한 지식과 지혜를 채워줄 수 있습니다. 학습상담 이야기도 그러한 측면에서 활용하시면 충분히 도움이 될 것입니다.

① 학교와 학원 수업을 이해하지 못하고 그냥 다니는 아이(학습 부진)

주헌이는 초등학교 6학년 남학생입니다. 주헌이 아빠와 엄마는 둘 다 회사에 다니는 맞벌이 부부입니다. 그래서 아침 일찍 출근해서 저녁 늦게 들어올 때가 많습니다. 주헌이는 또래 아이들처럼 학교 수업을 마치면 학원에 가서 공부를 합니다. 주헌이는 내년에 중학교에 진학하기 때문에 전 과목 선행학습을 하고 있습니다. 주헌이가 학원에서 집에 돌아오면 밤 10시가 넘곤 합니다. 주헌이는 집에 와서 간식을 먹고 스마트폰을 한창 가지고 놀다가 잠을 잤습니다.

그런데 주헌이가 학교 수업 시간 내내 멍한 태도를 보이거나 조는 모습이 자주 눈에 띄었습니다. 간혹 선생님이 주헌이에게 질문을 하면 주헌이는 아무 말도 하지 못하고 당황스러워했습니다. 선생님은 주헌이가 소심한 성격이어서 그렇다고 생각했습니다. 주헌이는 학교에서 별다른 문제가 없었고 학원도 잘 다녔습니다. 그런데 이상하게 학교 시험을 보면 성적이 잘 나오지 않았습니다. 학원에서 중학교 선행학습을 하고 있는 주헌이가 학교 진도에 맞춰서 보는 시험인데도 성적이 좋지 않았습니다. 주헌이는 학원에서 선행학습을 하기 때문에 6학년 과정은 이미 공부했습니다. 주헌이 엄마는 주헌이가 학원을 빠지지 않고 잘 다니고 있는데도 학교 성적이 안 좋고, 주헌이 성격이 너무 소심해지는 것처럼 보여서 상담을 신청했습니다.

주헌이를 상담실에서 처음 만났을 때 보통 6학년 남학생들 같지 않게 매우 얌전하고 순진한 아이라고 생각했습니다. 상담을 진행하면서 주헌이는 활발한 모습을 드러냈습니다. 상담을 통해서 주헌이가 소심하게 보였던 것이 진짜 모습이 아니었다는 것을 알게 되었습니다.

주헌이가 매사에 자신감이 없고 위축되어 있는 모습이 소심하게 보였던 것이었습니다. 안타깝게도 주헌이는 학습 부진이 일어난 경우였습니다. 현재 6학년인 주헌이는 이전 학년의 공부 과정에서 어려움이 있어서 이해하지 못하고 지나간 부분이 있었을 것입니다. 그런데 주헌이는 이해 안 되는 부분을 제대로 이해하지 못하고 지나갔기 때문에 학년이 올라갈수록 어려워지는 공부를 따라가지 못하는 학습 부진이 일어났던 것이었습니다. 게다가 학원에서는 주헌이의 학습 능력보다 더 어려운 공부인 중학교 선행학습을 진행하고 있었습니다. 주헌이가 다니는 학원의 선행학습 진도는 학교 진도와 맞지 않았습니다. 그러다 보니 주헌이는 공부에서 결핍이 일어난 부분을 찾아서 이해하고 갈 수 있는 기회가 없었습니다.

학교에서 6학년에 맞는 수업을 진행하고 있었지만, 이전 학년의 공부를 제대로 이해하지 못하고 넘어간 주헌이는 6학년 수업을 이해하는 것이 어려웠습니다. 주헌이는 4학년 때 수학이 너무 어려워서 힘들어했습니다. 그리고 영어 단어 외우는 것을 몹시 싫어해서 학원 숙제를 대충해서 가는 정도였습니다.

주헌이 부모가 맞벌이를 하다 보니 주헌이 공부를 꼼꼼히 봐 줄 수가 없었습니다. 그래서 주헌이 공부는 학원에 의존할 수밖에 없었습니다. 그러다 보니 주헌이가 공부를 힘들어하고 어려워할 때마다, 주헌이 부모는 주헌이가 공부하기 싫어서 그런 줄 알고 적절하게 대처하지 못했습니다. 주헌이가 보이는 소심한 모습도 학습 부진이 일어나면서 나타났습니다. 학습 부진이 일어난 아이들의 경우 대부분 자아존중감이 낮아집니다. 그리고 공부를 중요하게 여기는 시기에 공부에 대한 자신감이 없으니까 학교에서나 또래관계에서도 위축된 모습을 보이는 경우가 많습니다. 그래서 아이들의 원래 성격이라기보다는 자신감을 잃고 위축된 모습이 소심한 성격으로 보일 수 있습니다.

주헌이 부모뿐만 아니라 부모가 맞벌이인 경우에는 자녀의 학습을 세심하게 관리해주는 것이 어려운 것이 현실입니다. 그렇기 때문에 자녀의 학습을 전적으로 학원에 의존할 수밖에 없습니다. 부모가 어쩔 수 없이 자녀의 학습을 학원에 맡기더라도 자녀의 학습 능력에 맞는 학원을 선택해주는 것은 매우 중요합니다. 때로는 자녀를 엄마들 사이에서 유명한 학원에 보내면 오히려 자녀의 학습 자신감과 자존감이 떨어져서 학습에 대한 거부감만 커질 수도 있습니다. 소위 엄마들에게 유명한 학원의 특징은 공부를 잘 하는 아이들이 다닌다는 것입니다. 공부를 잘 하는 아이들의 특징은 '공부를 더 잘 한다'는 것입니다. 유명한 학원에 다니기 때문에 공부를 잘하는 것이 절대 아닙니다. 그렇기 때문에 자녀의 학습 능력에 적절한 학원을 찾아주고, 정기적으로 자녀의 학습 상태를 점검하는 것이 필요합니다.

② 지능이 약해서 세심한 보살핌이 필요한 아이(경계선 지능)

민우는 4학년 남학생입니다. 민우가 첫째이고 남동생과 여동생이 있습니다. 얼마 전에 민우 엄마는 세 아이들을 양육하기 위해서 다니던 직장을 그만두었습니다. 민우 엄마가 회사에 다녔을 때는 할머니가 와서 민우를 보살펴주었습니다. 민우는 부모가 속상해할 만한 일을 한 적이 없는 착한 아이였습니다. 민우는 학교나 학원 공부도 잘 따라갔습니다.

그런데 민우가 4학년 초에 학원 공부뿐만 아니라, 학원에서 선행학습으로 공부를 했던 학교 공부마저도 어려워하기 시작했습니다. 민우는 시간이 지날수록 공부하는 것을 점점 더 싫어하기 시작했습니다. 민우는 학교와 학원 숙제를 잘 안 했고 수업 시간에는 눈에 띄게 지루해하는 태도를 보였습니다. 민우는 엄마 말을 잘 듣던 착한 아이였는데, 점점 더 이해할 수 없는 짜증과 화를 내기 시작했습니다.

민우 엄마는 이러한 민우의 태도 변화를 보고 사춘기가 빨리 왔기 때문이라고 생각했습니다. 직장맘이었던 민우 엄마는 세 명의 자녀들을 잘 돌보지 못하는 것 같은 미안함과 죄책감이 있었습니다. 그래서 세 아이들 양육에 더 집중하는 것이 좋겠다는 생각으로 다니던 회사를 그만 두었습니다. 민우 엄마가 일을 그만 둔 후에 비로소 민우를 세심하게 살펴볼 수가 있었습니다. 그래서 민우가 학습에서 어려움이 있다는 것을 알게 되었습니다. 게다가 민우가 친구들에게 은밀하게 따돌림을 당하고 있다는 사실도 알게 되었습니다. 그래서 상담을 신청했습니다.

민우는 웩슬러 지능검사 결과로 지능(IQ)이 80전후인 경계선 지능이었습니다. 지적장애 4급 판정을 받을 수 있습니다(자녀의 학습 지능을 알아보기 위해서는 웩슬러 지능 검사를 해야 합니다). 대부분의 부모들은 자녀가 지적 장애로 진단 내려지는 것을 원하지 않습니다. 지적 장애에 대한 사회적 편견이 강해서 자녀가 사회적으로 낙인 찍히는 것이 두렵기 때문입니다.

웩슬러 지능 검사 결과로 평균 지능을 90~109 사이로 봅니다. 평균 지능의 아이들은 공부를 하고 일상생활을 하는데 문제가 없습니다. 그러나 경계선 지능의 아이들은 학습에서 문제가 드러나고 또래 관계와 일상생활에서도 문제가 나타나는 경우가 많습니다. 자녀가 경계선 지능일지라도 학습 능력에 적절하게 학습 관리를 해주면 초등학교 학습에서는 큰 어려움을 겪지 않습니다. 중학교 학습에서도 경계선 지능의 아이들도 반복적인 학습을 통해서 암기가 가능하기 때문에 학습에서 성과를 낼 수 있는 과목들이 있습니다. 무엇보다 초등학교 과정은 공부량이 많지 않기 때문에 아이들이 외우기를 잘 하면 학습 성과를 충분히 낼 수 있습니다. 그렇기 때문에 경계선 지능의 아이들도 반복 학습을 통해 외우기를 잘해서 공부를 잘 하는 것처럼 보일 수도 있습니다. 그러다 보니 또래 관계 나 일상생활에서 경계선 지능 아이들의 특성이 나타나더 라도 아이들의 성격으로 보고 넘어가기도 합니다.

이처럼 경계선 지능 아이들의 특성에 대해서 잘 모르는 부모는 경계선 지능 자녀의 어려움을 미리 파악하지 못 하기 때문에 문제를 키워나갈 수 있습니다. 부모 입장에 서는 자녀가 경계선 지능이라는 것을 모르기 때문에 자 녀가 학년이 올라갈수록 성적이 나쁜 원인을 노력 부족 으로 평가하고 비난할 수 있습니다. 그러다 보니 게을러 서 공부를 안 한다고 비난을 하는 부모와, 나름대로 열심 히 하려는 자녀 사이에 관계가 나빠질 수밖에 없습니다. 게다가 경계선 지능 자녀가 또래 관계나 일상생활에 적 응하도록 적절한 교육을 시켜주지 못하기 때문에 아이의 상태가 더 나빠지게 됩니다. 자녀가 경계선 지능인 경우 에는 자녀의 학습 능력에 적절한 교육과 진로 설정을 해 줘야 합니다. 경계선 지능인 아이에게 중요한 것은 공부 를 잘 하는 것이 아니라, 사회에 적응하고 생존할 수 있 는 사회적 기술을 익히는 것입니다. 부모가 이러한 사실 을 알고 공부보다는 사회에서 사람들과 어울려 살아갈 수 있도록 세심하게 훈련시켜줘야 합니다.

③ 학교에 안 가려고 하는 아이(불안한 가정분위기)

서우는 초등학교 2학년 여학생입니다. 서우는 예쁜 외동딸입니다. 서우가 초등학교에 입학하면서 서우 엄마는 직장을 그만두었고 프리랜서 디자이너로 일하고 있습니다. 그래서 다른 직장맘들보다는 서우를 돌보고 함께 할 수 있는 시간이 많습니다.

서우가 1학년일 때는 별다른 문제없이 학교에 잘 다녔고 친구들과도 잘 어울렸습니다. 그런데 서우가 2학년이 되면서부터 학교에 가기 싫다는 말을 자주 하기 시작했습니다. 심지어 서우가 학교에 안 가겠다고 떼를 쓰면서 울어서 등교 전쟁을 치른 적도 많았습니다. 그럴 때마다 서우 엄마는 서우를 어르고 달래고 협박까지 하면서 학교에 데려다 주고 왔습니다. 그런데 어느 날 서우 담임 선생님이 서우 엄마에게 전화를 했습니다. 선생님은 서우가 학교에서 항상 위축된 모습으로 있고 친구들과 잘 어울리지 않아서 걱정이 된다고 했습니다. 서우 엄마는 선생님이 서우가 상담을 받아보면 좋겠다고 하셔서 상담을 신청했습니다.

서우를 상담실에서 처음 만났을 때 불안과 우울이 있어 보였는데 심리검사 결과도 불안과 우울이 높게 나왔습니다. 서우는 어린 소녀로서는 감당하기 어려운 불안에 노출되어 있었습니다. 아이들이 감당하기 어려운 불안 중에 가장 큰 것은 자신의 눈앞에서 보이는 부모님의 갈등과 싸움입니다.

정답 없는 입시, 균청이 답이다 · 초등편 ·

상담실에서 만난 부모 중에는 부부가 싸우는 모습을 자녀에게 보이지 않기 때문에 괜찮다고 말합니다. 그래서 부부 사이에 있었던 지속적인 갈등이 자녀에게 좋지 않은 영향을 미쳤을 것이라는 이야기를 거부합니다. 아이들은 기본적으로 부모를 상실할 것에 대한 불안이 있습니다. 즉, 부모가 언제 사라질지도 모른다는 불안입니다. 그렇기 때문에 부부의 갈등 상황이 계속되면 자녀 앞에서 다투는 모습을 보이지 않더라도 자녀는 불안을 느낄 수 있습니다.

아이들이 '눈치를 본다'라는 말이 있습니다. 눈치를 본다는 것은 상대방의 미세한 감정이나 행동 변화를 포착한다는 것입니다. 부모가 자녀 앞에서 싸우지 않고 서로 괜찮은 것처럼 연기를 한다고 해서 좋은 가정 분위기가 만들어지는 것이 아닙니다. 부모가 편안하고 행복한 상태가 되면 가정의 분위기는 자연스럽게 편안하고 행복한 상태가 됩니다. 반대로 부모의 갈등 상황이 지속되면 가정의 분위기는 불안감에 휩싸입니다. 아이들은 가정 분위기에 영향을 많이 받기 때문에 가정의 불안한 분위기가 지속되면 자녀는 부적응적인 태도를 보이게 됩니다.

서우의 경우도 그랬습니다. 서우 엄마와 아빠는 경제적인 문제 때문에 오랜 기간 다투었습니다. 그러다 보니 서우가 학교에 가지 않으려고 하는 부적응적인 태도를 보임으로써 자신이 힘들다는 것을 나타낸 것이었습니다.

아이들의 불안은 우울이 함께하는 경우가 많습니다. 우울은 자신이 할 수 있는 것이 아무 것도 없다는 좌절감에서 오기도 합니다. 서우는 엄마 아빠의 다툼을 자신이 해결할 수 없고 가정의 불안한 분위기를 바꿀 수 없다는 좌절감 때문에 학교에서 무기력하고 우울한 모습을 보였던 것이었습니다. 상담이 진행되면서 서우 부모는 서우의 마음 상태를 이해할 수 있게 되었고 서우는 다시 활발한 모습으로 돌아갔습니다.

④ 언제부터인가 아무 것도 안 하려는 아이(무기력, 무동기)

우빈이는 6학년 남학생입니다. 우빈이는 다른 지역보다 공부를 많이 시킨다는 지역에 살고 있습니다. 그래서 학교에 공부 잘 하는 아이들이 많습니다. 학교 시험 성적에 대한 경쟁도 치열합니다. 여태껏 우빈이는 부모가 걱정할 만한 문제 행동을 보인 적이 없었습니다. 공부도 꽤 잘 하는 편이었습니다. 그렇기 때문에 우빈이 엄마는 우빈이에 대해 별다른 걱정을 하지 않았습니다.

그런데 우빈이가 6학년 여름방학이 지나면서부터 학습문제가 드러나기 시작했습니다. 학교 선생님이 우빈이가 학교 숙제를 해오기는 하는데 이전과 다르게 대충 해온다고 연락을 했습니다. 그리고 우빈이가 학교에서 아이들과 잘 어울리지 않고 하루 종일 힘이 없는 모습으로 지낸다고 했습니다. 우빈이 엄마는 우빈이가 사춘기가 와서 그렇다고 생각했습니다. 그런데 학원에서도 우빈이가 이전과 다르게 멍하니 앉아 있는 모습을 자주 보인다는 연락을 받았습니다. 우빈이 엄마는 우빈이가 사춘기가 와서 그렇다고 생각하다가 뭔가 이상하다는 느낌이 들어서 상담을 신청했습니다.

상담실에서 우빈이를 처음 만난 날 우빈이는 마치 학원에 온 것처럼 무슨 공부를 하는 곳이냐고 물었습니다. 우빈이 엄마는 우빈이에게 학습 상담을 하러 가자고 말했다고 했습니다. 아마도 심리상담보다는 학습 상담이라는 용어가 거부감이 덜 들기 때문에 그렇게 이야기한 것 같았습니다.

우빈이는 어릴 적에 영어 유치원을 다녔습니다. 초등학교에 입학하면서부터는 대형 어학원을 다녔습니다. 우빈이는 영어에 대한 학습량이 많았기 때문에 영어에 대한 자신감이 있었습니다. 우빈이는 외워야 할 것이 많은 영어는 자신 있다고 하면서도 공부할 때 외우는 게 어렵고 싫다고 했습니다. 우빈이가 공부할 때 외우는 것이 싫으면 영어도 싫어야 하는데 그렇지 않아서 의아스러웠습니다. 그래서 우빈이 마음을 더 확인해보았더니 영어 단어가 잘 외워지지 않고 영어가 너무 싫다고 했습니다. 우빈이는 학년이 올라갈수록 외워야 하는 공부가 많아져서 힘들고 어려웠습니다.

그런데 우빈이가 학교 친구들을 살펴보면 힘들어 하거나 어려워하지 않고 공부를 잘하는 것처럼 보였습니다. 그러면서 공부에 자신 있던 우빈이가 자신보다 공부를 잘 하는 아이들과 스스로 비교하기 시작했습니다. 우빈이는 학교와 학원에서 자신의 성적을 다른 아이들과 비교하면서 스트레스를 받기 시작했습니다. 그러다 보니 공부를 해도 집중이 잘 안되고 불안하기만 했습니다. 심지어 성적도 떨어지기 시작했습니다. 그래서 우빈이는 자신의 머리가 나빠서 공부를 못한다고 생각했습니다. 게다가 우빈이는 자신의 머리가 나쁘기 때문에 아무리 열심히 공부를 하더라도 좋은 대학에 갈 수 없을 것이라고 확신했습니다. 우빈이는 좋은 대학에 갈 수 있다는 희망이 사라졌기 때문에 더 이상 열심히 공부할 이유가 없었던 것이었습니다.

　　우빈이는 강점이 많은 아이였습니다. 그런데 안타깝게도 다른 아이들과 비교하면서 자신의 강점을 제대로 활용하지 못하고 있었습니다. 상담을 통해 우빈이는 자신의 강점을 깊이 이해하고 활용할 수 있게 되었습니다. 그리고 학습에서도 자신의 강점을 활용하여 공부할 수 있게 되었습니다. 자신의 강점을 이해하고 활용하는 아이들은 삶의 만족감이 높아지면서 회복탄력성도 높아지기 때문에 스트레스에 대처할 수 있는 힘이 커집니다.

⑤ 한두 가지 과목만 좋아하는 아이(공부 편식)

혜리는 초등학교 4학년 여학생입니다. 혜리는 친구들과 잘 어울려서 주위에 친구들이 많습니다. 혜리는 집이나 학교에서 별다른 문제없이 잘 성장하고 있는 예쁜 아이입니다.

그런데 혜리가 4학년이 되면서부터 공부하는 방식과 성적에서 변화가 나타났습니다. 혜리가 수학을 좋아한다고 하면서 수학 공부만 하려고 했습니다. 보통 아이들은 수학을 어려워하고 싫어합니다. 그래서 엄마들이 자녀의 수학 공부와 수학 성적 때문에 스트레스를 많이 받습니다. 그런데 혜리는 수학을 너무 좋아해서 수학 공부만 하려고 했기 때문에 다른 과목 성적은 떨어지고 수학 성적은 올라갔습니다. 혜리는 3학년 때까지 전 과목 공부를 골고루 잘하는 아이였습니다.

그런데 언제부터인가 영어 단어를 외우기 싫다는 말을 자주 하기 시작했습니다. 그러면서 영어 시험을 보면 성적이 좋지 않았습니다. 혜리는 영어뿐만 아니라 외우는 것이 많은 과목들의 성적도 떨어졌습니다. 그렇다고 엄마 말을 잘 따르는 혜리가 다른 과목 공부를 전혀 안 하는 건 아니었습니다. 혜리 엄마는 혜리가 외우는 것을 너무 싫어하는 것 때문에 갈등이 심해져서 상담을 신청했습니다.

혜리를 처음 만났을 때 예쁘고 발랄하고 표현을 잘하는 소녀라는 인상을 받았습니다. 혜리가 공부를 하는 데 있

어서 정서적인 어려움이 있어 보이지는 않았습니다. 혜리는 자기가 왜 상담을 받아야 하는지 모르겠다면서 엄마가 가자고 하니까 왔다고 웃으면서 말했습니다. 혜리와 상담적인 관계가 형성되면서 혜리의 강점을 구체적으로 찾아보았습니다. 혜리는 강점이 많은 아이였습니다.

그런데 상담사로서 한 가지 걸리는 게 있었습니다. 요즘 혜리의 삶에서 가장 중요한 것은 많은 친구들에게 관심과 인정을 받는 것이었습니다. 혜리는 아이돌 스타처럼 친구들에게 둘러싸이고 싶어 했습니다. 그리고 혜리는 공부하는 것이 싫고 친구들과 실컷 놀고 싶다고 했습니다. 혜리가 공부 하는 것을 싫어하는데도 수학 공부를 하는 중요한 이유가 있었습니다. 그것은 혜리가 수학을 잘 하니까 친구들이 부러워하면서 관심을 많이 가진다는 것이었습니다. 많은 아이들이 수학을 어려워하고 싫어하기 때문에 수학을 잘하는 혜리가 부러웠던 것입니다.

혜리에게는 다른 과목의 성적보다 수학 성적이 잘 나오는 것이 친구들의 관심을 받는 데 가장 효과적이었습니다. 수학은 외워야 하는 것이 별로 없어서 암기를 싫어하는 혜리에게 수학 공부는 다른 과목에 비해서 힘들지 않았습니다. 게다가 혜리는 지능(IQ)이 웩슬러 지능검사 결과로 매우 우수한 편이었기 때문에 수학 공부가 수월한 편이었습니다. 그래서 혜리는 조금만 공부해도 성적이 잘 나오고 친구들의 부러움과 관심을 받을 수 있는 수학 공부만 하려고 했던 것입니다.

지능(IQ)이 매우 우수한 아이들의 경우 단순하게 반복적으로 암기하는 공부를 싫어하는 경향이 있습니다. 특히 초등학교 시기에 매우 우수한 지능을 가진 아이들에게 적절한 학습 환경이 주어지지 않는다면 잠재된 능력이 충분히 발휘되지 못하고 사라질 것입니다. 그래서 지능이 매우 우수한 아이들이 자신의 능력을 충분히 발휘할 수 있도록 교육청 영재 교육과 같은 학습 기회를 만들어주어야 합니다.

학교는 다수의 아이들을 대상으로 교육을 진행하기 때문에 지능이 매우 우수한 아이들은 학교 수업이 재미없어서 싫증을 낼 수도 있습니다. 만약 자녀의 지능이 웩슬러 지능 검사 결과 IQ 130 이상으로 매우 우수한 경우에는 학교 수업 외에 자녀의 지적인 자극을 충족시켜줄 수 있는 학습 기회를 만들어 주는 것이 필요합니다.

혜리와 상담을 진행하면서 혜리의 과거 학습 경험이 매우 불쾌했다는 것을 알게 되었습니다. 혜리는 단순하고 반복적인 학습 경험 때문에 공부에 싫증이 났던 것이었습니다. 혜리는 상담을 하면서 매우 즐거워했습니다. 상담적 질문들이 혜리에게 지적인 자극을 주었던 것이었습니다. 상담적 질문들은 메타 인지(상위 인지)를 활용하게 하는 경우가 많습니다. 비록 초등학교 4학년이었지만 지능이 매우 우수했던 혜리는 자신의 생각을 한 차원 높은 곳에서 생각하게 하는 질문들을 통해 지적인 재미를 즐겼던 것이었습니다.

⑥ 어려운 문제는 대충 푸는 아이(학습 자신감)

서준이는 초등학교 6학년 남학생입니다. 학교에서 전교 회장인 서준이는 공부도 잘하고 친구들에게 인기도 많습니다. 서준이 엄마는 '엄마표 학습'으로 서준이 학습을 꼼꼼하게 잘 관리해주었습니다. 엄마표 학습 덕분에 서준이는 학교 성적이 매우좋았습니다. 게다가 서준이는 그룹 활동 중심의 교육 덕분에표현력이나 대인관계 능력이 뛰어났습니다. 서준이는 친구들에게 인기도 많았지만, 친구 엄마들도 서준이를 볼 때마다 칭찬을많이 해주었습니다. 서준이는 마치 누구에게나 환영 받는 연예인과 같은 느낌을 느꼈을 것입니다.

그런데 서준이가 학교 공부에서는 문제가 전혀 없었는데 중학교 선행학습을 하는 학원에서 학습문제가 드러나기 시작했습니다. 학원 선생님이 보시기에 서준이가 문제를 풀 때 쉬운 문제는열심히 잘 푸는데 이상하게 어려운 문제만 나오면 대충 풀거나포기해버린다는 것이었습니다. 서준이 엄마는 서준이가 어려운문제를 자주 틀리는 것이 주의력이 부족해서라고 생각했습니다.그래서 서준이 엄마는 집에서 어려운 문제들만 집중해서 풀도록엄마가 선별한 문제집을 풀게 했습니다. 그런데 이상하게도 학습 효과가 별로 없었습니다. 서준이 엄마는 서준이가 중학교에가면 공부가 더 어려워질 텐데 어려운 문제만 보면 포기하거나대충 풀고 틀리기 때문에 걱정이 되었습니다. 그래서 서준이의문제가 무엇인지 답답해서 상담을 신청했습니다.

상담실에서 만난 서준이는 자신감이 넘쳐 보였습니다. 처음 만나는 상담사인데도 밝게 웃으면서 자기소개를 했습니다. 서준이는 사회성이 매우 좋아 보였습니다. 서준이의 외적인 태도만 보아서는 서준이를 상담할만한 이유가 별로 없어 보였습니다. 서준이가 TV에서 봤다면서 호기심을 보이는 그림검사를 진행하면서 서준이의 마음을 깊게 들여다보았습니다. 그림검사 결과 서준이는 자신감 있는 모습과는 다르게 마음의 힘인 자아존중감이 낮게 나타났습니다. 그리고 서준이의 지능(IQ)을 평가하기 위해서 웩슬러 지능 검사를 실시했습니다. 서준이의 지능(IQ)은 평균 지능보다 약간 높았습니다. 그런데 전체 지능을 구성하는 4개 하위 지능 중에서 언어이해 지능 점수만 유독 높게 나왔습니다. 언어이해 지능은 아이들의 학습 경험으로 축적된 지식이 많을수록 점수가 높게 나옵니다. 반면에 아이들의 타고난 지능이라고 할 수 있는 나머지 지능들은 평균이었습니다. 이와 같이 나머지 지능들에 비해 언어이해 지능이 높게 나타나는 경우는 엄마가 학습 관리를 잘 해주는 아이들에게 나타납니다.

학습에서 중요한 사실은 자녀의 지능이 높다고 해서 공부를 잘하는 것이 아니고 공부를 잘한다고 해서 지능이 높은 것이 아닙니다. 자녀의 학습성과에 지능이 영향을 미치기는 하지만 그것보다는 학습태도가 더 큰 영향을 미칩니다. 초등학교 시기에 학습 성과가 좋은 아이들을 살펴보면 엄마가 학습 관리를 꼼꼼하게 해주고 아이는 엄마가 하라는 대로 공부를 잘 따라 합니다. 초등학교 시기는 기본적인 지식을 습득하는 시기여서 반복 학습을 통한 암기만 잘하면 학습 성과가 뛰어날 수밖에 없습니다. 다만 많은 아이들이 놀기 좋아하고 공부를 싫어하기 때문에 성적이 잘 나오지 않는 것입니다.

그런데 아이들이 학년이 올라갈수록 공부는 점점 더 어려워집니다. 대학 입시가 가까워지는 학년일수록 공부가 어려워지는 이유는 깊게 생각해야 풀 수 있는 문제들이 많아지기 때문입니다. '깊게 생각한다'는 것은 메타 인지(상위 인지)를 활용하는 추론 능력이 발달해야 한다는 것입니다. 그렇기 때문에 초등학교 시기에 매우 효과적이었던 학습 전략인 반복 학습과 암기가 더 이상 효과적이지 않게 되는 것입니다. 이러한 이유 때문에 이전 학습 방법이 통하지 않아서 서준이가 어려운 문제를 포기하기 시작한 것입니다.

서준이는 공부를 잘 했기 때문에 친구들과 엄마들에게 연예인처럼 주목을 받았습니다. 그러한 서준이가 어려운 문제를 풀어보려고 노력을 해도 자꾸 틀리니까 자존심이 많이 상했을 것입니다. 서준이 같은 아이들은 어려운 문제를 풀었는데 틀리면 자신이 공부를 못한다는 생각이 들어서 기분이 나빠집니다. 그러다 보니 문제집을 풀 때도 어려운 문제는 빨리 포기해 버리고 쉬운 문제만 풀어서 다 맞히는 학습 전략으로 자신의 기분을 망치지 않으려고 합니다.

서준이와 상담을 진행하면서 서준이가 과거의 학습 전략을 버리고 새로운 학습 전략으로 공부할 수 있도록 도와주었습니다. 그리고 서준이는 사람들에게 칭찬을 받는 것이 좋아서 공부를 했는데 더 이상 외적 보상이 아닌 자신의 꿈을 이루기 위한 내적 보상으로 학습 동기를 강화했습니다.

1. '공부' No! '학습' Yes!

부모들은 자녀가 자신의 진로를 포함한 미래의 삶을 안정적으로 잘 준비하기를 바랍니다. 그리고 자녀가 자신의 미래를 준비하는 최선의 방법은 공부를 잘하는 것이라고 생각합니다. 자녀가 공부를 잘하면 좋은 대학에 입학할 수 있는 가능성이 커집니다. 사람들이 말하는 좋은 대학이란 공부를 아주 잘해야 갈 수 있는 상위권 대학을 의미합니다. 물론 학문을 배우고 연구하는 목적의 대학교는 '좋다', '나쁘다'가 없습니다. 그러나 사람들은 대학 입시 성적에 따라서 갈 수 있는 대학을 '좋다', '나쁘다'로 평가하고 서열을 매깁니다. 그리고 대부분의 부모들이 자신의 자녀가 서열이 높은 상위권 대학에 가기를 원하기 때문에 대학 입시 경쟁이 매우 치열한 것입니다.

'공부'와 '학습' 두 단어의 사전적 의미는 비슷합니다. 실제 거의 같은 단어입니다. 그런데 상담실에서 만난 아이들은 공부라는 단어를 매우 싫어합니다. 그렇기 때문에 상담실에서는 아이들에게 부정적인 느낌을 주는 공부보다는 학습이라는 단어를 사용합니다. 왜냐하면 아이들 중에는 대학 입시를 목표로 하는 공부가 너무 싫어서 자신이 충분히 할 수 있는 다른 분야의 필요한 학습마저도 공부라고 생각하고 안 하는 경우가 많기 때문입니다. 그래서 공부의 '공'자도 듣기 싫어하고, 아무것도 안 하려고 하는 아이들에게는 공부와 학습을 구별하여 다음과 같은 이야기를 해줍니다.

"공부는 학교 공부, 학원 공부, 숙제 등이라면, 선우가 좋아하는 자전거 타기를 배웠듯이 선우가 필요해서 배우는 모든 것이 학습이야. 선우가 자전거 타는 것을 학습했으니까 친구들과 자전거를 타고 놀 수 있잖아. 자전거 타는 것을 배워서 익숙해지니까 재미도 있잖아. 이처럼 학습은 재미있는 것인데 공부는 생각만 해도 스트레스지. 선우가 공부를 너무 싫어하는데 공부는 안 해도 괜찮아. 그런데 선우를 너무 괴롭히는 공부 말고 선우가 호기심이 있는 것들이 있잖아. 호기심이 생기면 더 알고 싶고 배우고 싶겠지. 그러니까 선우가 좋아서 하고 싶은 것들을 함께 찾아보자."

✔ 공부에 지친 아이들은 '무기력'을 학습한다.

상담실에서 만난 대부분의 아이들이 공부에 대한 스트레스와 부담감이 매우 큽니다. 공부가 싫은 아이들에게 나타나는 일상의 모습은 다 다르지만, 아이들의 마음속에는 공통적으로 뱀처럼 무시무시한 공부가 똬리를 틀고 있습니다. 그래서 이러한 아이들 중에는 학교 공부뿐만 아니라, 자신이 충분히 할 수 있는 다른 것들도 안 하려고 하는 '학습된 무기력' 상태를 보이기도 합니다.

학습된 무기력에 빠진 아이들은 마음이 심하게 아픈 상태입니다. 만약 어떤 사람이 반복해서 고통스러운 상황 속에 빠지는데도 그 상황을 피할 수 없고 벗어날 수 없다면 어떻게 될까요? 그 사람은 고통스러운 상황을 벗어나기 위해서 아무리 노력하더라도 자신이 처한 상황이 바뀌지 않을 것이라고 생각하게 될 것입니다. 그러면서 아무 것도 안 하려고 하는 무기력한 태도를 보일 것입니다. 이처럼 학습된 무기력이란 자신이 스스로 할 수 있는 것이 전혀 없다고 생각하는 상황 속에서 무기력감을 반복적으로 느끼면서 경험적으로 체득되는 것입니다.

학습된 무기력은 미국의 심리학자 마틴 셀리그만(Martin Seligman)이 개를 이용한 실험을 통해서 밝혀낸 것입니다. 학습된 무기력 상태의 아이들은 자신의 미래 상황을 예측할 때 자신이 통제할 수 없었던 과거 상황을 자연스럽게 떠올립니다. 그래서 자신의 미래 상황도 과거처럼 통제할 수 없을 것이라는 통제감에 대한 상실 때문에 무기력이 더욱 더 심해지는 것입니다. 즉, 자신의 상황을 변화시키려고 노력을 하더라도 아무런 소용이 없을 것이라고 굳게 믿게 되는 것입니다. 그렇기 때문에 자신이 충분히 대처할 수 있는 상황에서도 아무런 시도나 노력을 하지 않게 됩니다. 그리고 자아존중감(자존감) 저하, 학습 동기 상실, 의욕 없고 위축된 모습, 열등감, 우울 등의 심리적 문제가 나타나게 됩니다.

보통 부모들은 자녀가 몸이 아프면 자신이 아픈 것처럼 고통스러워하면서 자녀가 치료를 잘 받고 회복될 수 있도록 도와줍니다. 그런데 안타깝게도 자녀가 학습된 무기력으로 마음이 아픈 상태에서는 부모들이 비난하거나 화를 내는 경우가 있습니다. 아마도 부모들의 눈에는 학습된 무기력 상태의 자녀가 매사에 의욕이 없고 느릿느릿하고 게으르고 나태하게 보일 수 있기 때문인 것 같습니다.

상담실에서 부모들을 만나보면 자녀의 학습된 무기력에 대한 정보와 이해가 많이 부족하다는 것을 알 수 있습니다. 그래서 부모들이 자녀의 무기력한 모습에 계속해서 화가 난다면 자녀의 마음이 심하게 아플 수도 있다는 것을 의심할 필요가 있습니다. 아이들은 자신의 마음을 잘 표현하지 못하고 행동으로 드러나는 경우가 많기 때문에 학습된 무기력에 대해 이해하는 것이 중요합니다.

✓ 아이들의 학습은 자기주도적이다.

학습은 인간이 생존하기 위해서 본능적으로 자연스럽게 나타나는 행위입니다. 아이들은 어떤 것을 배우고 몸으로 익히는 학습이라는 행위를 통해서 즐거움과 성취감을 느낍니다. 특히, 아기의 성장 과정을 관찰한다면 아기의 신체 및 정신의 발달이 학습을 통해서 이루어진다는 것을 알 수 있습니다. 아기는 성장하면서 자신의 신체를 배우고, 신체의 움직임들을 익히고, 호기심과 용기로 세상을 탐험하면서 학습을 합니다.

아기를 옆에서 지켜보면, 인간은 학습을 통해서 즐거움과 성취감을 느낀다는 것을 확인할 수가 있습니다. 아기가 기어 다니다가 처음으로 두 발로 땅을 디디고 일어서는 순간이 있습니다. 그 순간에 기쁨으로 벅찬 소리를 내면서 활짝 웃는 아기를 본다면 지상 최고의 성취감에 휩싸인 인간의 모습을 볼 수 있을 것입니다. 아기는 뒤집기, 배밀이, 앉기, 기기 그리고 서기까지 각각의 발달 단계마다 필요한 학습 과정을 거칩니다. 이 때 학습은 반복적인 실패를 극복하면서 성취를 하는 것입니다. 아기는 발달 단계에 따라 스스로 필요한 학습을 하면서 자신의 성과물들을 차곡차곡 쌓아갑니다. 아기에게 학습은 생존하기 위해서 반드시 필요한 행위입니다. 이와 같이 아기의 발달 학습 과정을 지켜보면 인간의 학습은 상당히 자기주도적인 과정이라는 것을 알 수 있습니다.

학습은 재미있는 과정입니다. 아기는 놀이를 통해서 학습을 합니다. 놀이가 주는 재미가 있기 때문에 학습을 지속적으로 할 수 있는 것입니다. 아기의 놀이 학습은 재미있으면서도 자기주도적으로 일어납니다. 만약에 아기가 놀이를 할 때 아기가 놀이에 초대하지 않은 사람이 놀이에 끼어들면 무시하거나 화를 냅니다. 심지어 부모마저도 아기가 놀이에 초대해줘야 함께 놀이를 할 수 있습니다.

아기의 놀이에서 나타나는 아기의 학습 과정을 관찰해보면 분명하게 재미를 느끼면서 자기주도적인 학습을 하고 있다는 것을 알 수 있습니다. 그렇기 때문에 자기주도적인 학습은 인간에게 본능적이고 자연스러운 학습 행위인 것이 분명합니다. 다만 아이들이 자라면서 학습이 외부의 강압에 의한 공부가 되다보니 자기주도적인 능력을 잃어버리는 것 같습니다.

✓ 아이들의 자기주도학습을 회복시켜야 한다.

상담실에서 아이들의 학습문제를 도와주다 보면 아이들의 심리적인 문제가 학습을 통해서 드러난다는 것을 확인할 수가 있습니다. 아이들의 마음에 문제가 생기면 자기주도적인 학습을 하기 어려워집니다. 아이들이 아기 때는 자기주도적인 학습을 하다가 성장하면서 자기주도적인 학습이 잘 안 되는 이유가 있을 것입니다.

소설 '로빈슨 크루소'를 보면 주인공이 무인도에서 살아남기 위해서 자기주도적인 학습 태도로 당면한 생존 문제들을 해결해나가는 것을 볼 수 있습니다. 이처럼 자기주도학습은 인간이 생존하기 위해서도 자연스럽게 나타나는 삶의 태도입니다.

한국에서 아이들은 학습 경쟁이 치열한 삶 속에서 생존해야 합니다. 그렇기 때문에 로빈슨 크루소처럼 자기주도적인 학습 태도로 살아가야 합니다. 그런데 상담실에서 만난 부모들의 하소연을 들어보면 자녀들이 자기주도학습을 하지 못해서 힘들어합니다.

아이들이 왜 그렇게 되었을까를 생각해보면, 한국 사회에서는 아이들이 학습을 특히 대학 입시를 목표로 하는 공부만 하기 때문일 수도 있습니다. 아이들이 다른 아이들보다 더 좋은 성적을 받기 위해서는 선행학습을 할 수 밖에 없기 때문에 사교육에 의존할 수밖에 없습니다. 그러다 보니 아이들이 자신의 학습 목표를 정하고 스스로 계획하고 실행하고 책임지는 자기주도학습을 하는 것이 어려운 것 같습니다. 아무래도 부모가 학습을 계획하고 부모가 시키는 대로 공부하는 아이들은 의존적이고 수동적인 학습을 할 수밖에 없습니다.

자녀가 대학 입시를 목표로 하는 학습에서 성과가 좋지 않을 수도 있습니다. 그렇다고 해서 그 아이가 다른 분야의 학습에서도 성과를 못내는 것은 아닙니다. 자녀가 비록 학교 공부를 잘 못한다고 해도 사회 구성원으로서 살아가기 위해서 필요한 학습은 많이 있습니다.

그런데 상담실에서 만난 아이들 중에는 자신이 공부를 못하면 다른 것도 못할 것이라고 생각하고 다른 어떤 것도 학습을 시도하지 않으려고 합니다. 특히, 아이들이 과거에 공부를 했던 경험이 부정적일수록 다른 분야의 새로운 학습마저도 주저하고 포기하는 경우가 많습니다. 이처럼 아이들의 학습이 대학 입시를 목표로 하는 공부가 되어버리면 아이들에게 자연스럽고 재미있던 학습이 힘들고 고통스러운 공부가 되는 것입니다.

상담실에서 학습문제로 힘들어하는 아이들을 만나다 보면 아이들이 왜 이렇게 힘없이 주저앉아버리게 되었을까라는 생각에 안타까움을 느낍니다. 아이들이 행복하고 성공적인 삶을 살기 위해서는 공부 성적보다 더 중요한 것이 있습니다. 아이들이 자신의 인생의 목표에 따라서 필요한 다양한 학습을 선택하고 학습 과정을 성실하게 수행하여 목표한 바를 성취하는 것입니다. 그것이 바로 자기주도적인 학습 태도입니다.

자기주도학습을 하는 아이들은 도전하고 실패하는 것이 두려워서 포기하지 않습니다. 오히려 실패를 통해서 무엇인가를 배울 수 있다고 생각합니다. 그렇기 때문에 비록 실패를 하더라도 좌절하지 않고 다시 도전할 수 있는 것입니다. 이러한 자기주도적인 학습 태도가 형성된 아이들이 자신의 삶을 성공적으로 만들어 가는 것입니다.

✓ 자녀의 학습문제는 부모에겐 기회이다.

초·중학교시기 아이들의 심리적인 어려움은 다양한 학습문제를 통해서 나타납니다. 그렇기 때문에 부모가 자녀의 학습문제를 발견한다면 자녀의 마음 상태를 알려주는 소중한 신호로써 주의 깊게 살펴보아야 합니다.

만약에 자녀가 자신의 학습문제를 통하여 부모에게 보내는 고통스러운 마음의 신호를 부모가 알아차리지 못하면 더 이상 신호를 보내지 않을 수가 있습니다. 자녀의 마음이 아무리 고통스러워도 도와달라는 신호를 보내지 않는 것은 부모와 세상을 신뢰할 수 없기 때문에 단절하겠다는 의미입니다. 왜냐하면 자녀가 마음이 힘들어서 보내는 신호를 부모와 세상이 귀 기울여 들어주지 않아서 공감을 받지 못했기 때문입니다.

자녀가 바라보는 세상의 중심에는 언제나 부모가 있습니다. 세상의 중심인 부모가 자녀의 마음을 몰라주면 부모와 자녀 사이를 가로 막는 높은 벽이 생기게 됩니다. 심리적인 벽 때문에 부모와 자녀 사이가 멀어지는 상황이 지속되면 부모와 자녀 모두 고통스럽게 됩니다. 그렇기 때문에 부모는 자녀의 학습문제가 나타나면 자녀의 심리적인 어려움을 파악하는 기회로 삼아서 적극적으로 개입해야 합니다.

자녀의 학습문제는 해치워야 할 골칫거리가 아니라 자녀와 더욱 친밀한 관계를 형성하고 발전시킬 수 있는 기회입니다. 상담실에서 자녀의 학습문제로 부모 상담을 진행하다 보면 부모와 자녀 사이가 이전보다 더 친밀해지는 경우가 많이 있습니다. 대부분 부모들은 자녀의 학습문제가 드러나면 당황스럽고 불안해서 자녀를 어떻게 대해야 할지 모르기 때문에 상담을 신청하는 경우가 많습니다. 이런 식으로 부모와 자녀는 자녀의 학습문제 때문에 상담적 도움을 받습니다. 어찌 보면 자녀의 학습문제가 나타났기 때문에 상담을 통해서 부모가 자녀를 더 깊이 이해하고 친밀해질 수 있는 기회가 된 것입니다.

2. 마음의 힘이 성공으로 이끈다.

부모는 자녀의 초행길인 삶의 여정에서 자녀가 미래를 준비하도록 가이드와 같은 역할을 해야 합니다. 부모는 자녀보다 인생을 먼저 살아보고 다양한 삶을 경험했기 때문에 자녀에게 올바른 삶의 방향을 제시할 수 있기 때문입니다. 그래서 부모는 자신의 인생을 통해서 얻은 삶의 지혜로 말미암아 자녀의 미래를 멀리까지 내다보고 자녀를 올바른 방향으로 안내할 수가 있습니다. 이러한 이유로 부모가 자녀의 미래를 생각하다 보면 부모가 중요하게 여기는 삶의 가치관과 신념이 자연스럽게 드러날 수밖에 없습니다.

부모의 가치관과 신념은 자녀가 성장하여 어떤 사람이 되면 좋겠다는 부모의 소망을 구체적으로 만들어 냅니다. 부모는 미래의 자녀에 대한 소망을 품고 기대하면서 현재의 자녀를 양육하는 것입니다.

부모가 자녀를 양육할 때 반드시 적용해야 하는 인생의 진리가 있습니다. 그것은 부모가 항상 자녀와 함께 할 수 없다는 사실입니다. 자녀는 스스로 선택하고 책임지는 삶을 살아가야 합니다. 부모가 언제나 자녀 곁에 있으면서 도와주고 싶고 지켜주고 싶어도 그렇게 할 수가 없습니다. 그렇기 때문에 부모는 자녀가 자신의 힘으로 행복하고 성공적인 삶을 살아갈 수 있도록 자녀에게 가장 필요한 것을 전해주어야 합니다. 그것이 바로 마음의 힘입니다.

✓ 자녀의 행복과 성공에는 '마음의 힘'이 필요하다.

자녀가 행복하고 성공하기를 바라는 부모라면 자녀에게 무엇보다 먼저 마음의 힘을 키워줘야 합니다. 마음의 힘은 자녀가 행복하고 성공적인 삶을 살기 위해서 가장 필요하고 중요한 심리적 자원입니다. 물론 자녀의 능력을 드러내는 신체의 힘도 중요합니다. 그러나 자녀가 마음의 힘이 약하면 신체의 힘이 아무리 강하더라도 자신의 능력을 충분히 발휘하지 못합니다. 그렇기 때문에 신체의 힘보다는 마음의 힘이 더 중요합니다. 사지가 없이 태어난 '닉 부이치치'의 삶이 마음의 힘을 보여주고 있습니다. 비록 신체에 장애가 있더라도 수많은 사람들에게 감동과 긍정적인 힘을 주는 사람들을 보면 마음의 힘이 얼마나 중요한 지 알 수 있습니다.

사람들이 "마음먹기에 달렸어"라고 말하는 것을 들어보았을 것입니다. 이 말은 상담실에서 만난 부모들이 자녀들에게 많이 하는 말이기도 합니다. 부모들은 자녀가 어떤 일을 망설이면서 못하는 것을 볼 때 자녀가 해내기를 바라면서 "마음먹기에 달렸어"라고 말하는 것 같습니다.

자녀에게 이 말을 하는 부모들의 의도는 좋습니다. 그러나 아무리 좋은 말이더라도 자녀의 마음에 힘이 없는 상태에서는 도움과 격려가 되지 못합니다. 오히려 자녀의 기를 꺾는 말이 될 수 있습니다. 부모의 말이 자녀의 마음에 울림과 감동을 줄 때 자녀는 무엇인가를 하고 싶은 마음이 생깁니다. 자녀의 마음에 힘이 없는 상태에서는 부모가 좋은 목적으로 말을 하더라도 부모가 기대하는 효과를 볼 수 없을 것입니다. 마음에 힘이 없는 자녀에게는 "마음먹기에 달렸어"라는 격려의 말이 오히려 매우 거슬리는 말이 될 수가 있습니다. 마치 자신을 비난하는 말처럼 들릴 수도 있습니다. 왜냐하면 자녀도 해야 한다는 것을 알고 있고 해내고도 싶은 마음도 크지만 정작 실행이 잘 안되기 때문입니다. 이런 경우에는 자녀가 과거에 열심히 해보았지만 결과가 좋지 않아서 힘들었던 부정적인 경험들이 많을 수 있습니다. 그래서 과거의 고통스런 경험들이 현재의 마음에 영향을 미치기 때문에 과거와 다른 상황에서 다른 것을 시도하는데도 불구하고 미뭇거리고 망설이게 뇌는 것입니다.

자녀의 마음에 힘이 없으면 부모와의 관계에서도 갈등이 많아질 수 있습니다. 왜냐하면 자녀가 마음의 힘이 없으면 부모의 말이나 태도에 쉽게 상처를 받는 예민한 성격으로 나타날 수 있습니다. 그래서 부모와 자녀가 대화할 때마다 항상 싸우고 갈등만 커지다보니 서로 대화를 안하려고 합니다. 부모와 자녀 사이에 대화가 사라지면 서로 오해만 쌓이고 감정의 골만 깊어지는 경우가 많습니다. 그러나 부모가 자녀와의 관계를 다시 긍정적으로 바꿀 수가 있습니다. 분명한 사실은 부모가 바람직한 부모 역할을 포기하지 않고 하다보면 부모에게 닫힌 것 같은 자녀의 마음과 다시 연결할 수 있습니다. 그래서 부모가 자녀의 마음을 적극적으로 공감하고 격려하면 자녀의 마음에 힘이 생기고 건강하게 성장할 수 있습니다.

✓ 마음의 힘 = 자아존중감

마음의 힘을 심리학적 용어로 말하면 자아존중감(자존감), 회복탄력성, 인성 등으로 표현할 수 있습니다. 상담실에서 만난 대학생들 중에는 사람들 앞에서 발표할 때 불안한 이유를 "자존감이 낮아서 그래요"라고 말하기도 합니다. 부모들은 자녀가 어린이집이나 유치원에 다닐 때 자존감에 대해서 많이 듣다보니 친숙할 것입니다. 이처럼 심리학적 용어인 자존감은 어린아이부터 성인까지 성격을 이야기할 때 보편적으로 쓰는 단어가 되었습니다.

요즘 부모들은 자신의 자녀가 사람들 앞에서 기죽지 않고 당당하기를 바라는 마음이 매우 큽니다. 그래서 자녀의 자존감을 높여주려는 노력을 많이 합니다. 사람들이 자존감과 자신감을 혼동하여 사용하기도 하는데 자존감과 자신감은 의미가 다릅니다.

우선, 자신감은 자신이 가지고 있다고 생각하는 능력으로부터 생기는 느낌입니다. 자신의 능력으로 자신이 무엇인가를 해낼 수 있다는 느낌이 자신감입니다. 그런데 사람들이 자기 자신의 자신감을 평가할 때 인지적인 오류가 있을 수 있습니다. 즉, 자기 자신이 가지고 있는 능력을 객관적으로 정확하게 평가하지 못한다는 것입니다. 그래서 자신의 능력을 합리적이지 않게 지나치게 과대평가하거나 과소평가합니다. 가령 어떤 사람은 자신에게 분명하게 있음에도 불구하고 삶에서 잘 드러나지 않았던 잠재적 가능성과 강점을 보지 못할 수가 있습니다. 반면에 어떤 사람은 자신에게 전혀 없는 능력인데도 마치 있는 것처럼 과장해서 행동할 수가 있습니다. 그렇기 때문에 진정한 자신감을 가지기 위해서는 타인의 시선을 통해서 자신의 능력을 객관적으로 바라보고 평가하는 것이 중요합니다.

자아존중감(자존감)은 자신이 가지고 있다고 생각하는 능력과 상관없이 "있는 그대로의 자기 자신"에 대한 것입니다. 자존감은 자기 자신을 얼마나 긍정적이고 가치 있게 생각하느냐에 따라 달라집니다. 가령 자신감이 큰 사람이 실패를 하면 자신의 능력에 대한 믿음이 무너집니다. 그렇기 때문에 매우 고통스러워하면서 좌절할 수가 있습니다. 그러나 자존감이 높은 사람은 실패를 하더라도 자신감이 큰 사람과 다른 모습을 보입니다. 어떤 일에 도전하고 실패로 끝나더라도 자신이 최선을 다했던 일에 대한 결과이기 때문에 자존감이 크게 무너지지 않습니다. 그래서 자존감이 높은 사람은 어떤 상황에 처하더라도 자기 자신을 지킬 수 있는 힘을 발휘할 수 있습니다. 자존감이 높은 사람은 "실패는 성공의 어머니다"라는 격언대로 삶을 살아갈 수 있지만, 자신감만 큰 사람은 그렇게 살아가기가 어렵습니다. 왜냐하면 자신감만 큰 사람은 자신이 하는 일에 오직 성공만 있고 실패는 없다는 어린 아이들의 마술 같은 믿음이 있기 때문입니다.

인생은 우리가 예측할 수 없는 삶의 연속입니다. 인생은 때때로 우리에게 고통스러운 실패를 주기도 합니다. 그러면서 동시에 우리가 실패를 딛고 성장할 수 있는 기회도 줍니다. 그렇기 때문에 자신감이 큰 것보다는 자존감이 높은 것이 자녀가 행복하고 성공적인 삶을 살아갈 수 있게 하는 원동력이 됩니다.

✓ 마음의 힘 = 회복탄력성

회복탄력성은 자녀에게 중요한 마음의 힘으로 부모들이 최근에 많이 이야기하는 것입니다. 회복탄력성은 인간의 덕목과 강점을 연구하는 긍정심리학에서 중요하게 다루는 심리적 요인입니다. 그런데 재미있는 사실은 '학습된 무기력'을 연구했던 심리학자 마틴 셀리그만이 긍정심리학의 주요 학자라는 것입니다. 심리학이 과거에는 '학습된 무기력' 같은 인간의 병리적인 모습과 관련한 심리적인 요인을 찾으려고 연구했습니다. 그러나 이제는 인간이 성장하는데 필요한 '회복탄력성' 같은 심리적 자원을 밝혀내어 적용하는 것이 중요하다는 사실을 긍정심리학이 보여주고 있습니다.

회복탄력성은 인간이 힘든 상황에서도 현재 자신의 삶에 적응적으로 살아갈 수 있도록 하는 중요한 심리적 자원입니다. 예를 들어서 누군가의 삶에 절망스러운 사건이 일어나거나 이별과 죽음과 같은 상실이 일어난다면 우울하고 무기력하여 삶을 포기하는 듯한 모습을 보이는 것은 당연합니다. 그런데 그러한 모습이 오랜 기간 지속된다면 그 사람은 회복탄력성이 약하고 마음의 병이 크다는 것을 의미합니다.

회복탄력성은 심리적 용수철과 같습니다. 그래서 마음의 상처나 스트레스가 심하면 심리적으로 눌렸다가 어느 순간 반대로 튕겨 올라 위축된 마음을 원래 상태로 회복시켜주는 역할을 합니다. 회복탄력성이 높은 사람의 마음은 튼튼한 용수철이 들어있는 매트리스와 같아서 상처나 스트레스의 충격을 받더라도 밀어낼 수 있는 탄력적인 힘이 큽니다. 반면에 회복탄력성이 낮은 사람의 마음은 유리판과 같아서 상처나 스트레스의 충격을 받으면 견디고 밀어내지 못하여 깨져버립니다. 그렇기 때문에 회복탄력성은 스트레스가 많은 경쟁적인 학습 환경 속에서 자녀가 건강하게 성장하기 위해서 꼭 필요한 심리적 자원입니다.

✓ 마음의 힘 = 인성

인성은 보통 성품, 인격, 품성과 같은 의미로 쓰입니다. 사람들은 칭찬할만한 훌륭한 성격을 가진 사람을 보고 인성이 좋다고 말합니다. 현대 사회는 자녀의 지식보다는 지혜를 포함하는 인성을 중요하게 여깁니다. 물론 대학 입시 경쟁이 너무 치열하다 보니 부모들이 자녀의 인성보다는 학습 능력을 더 중요하게 여기기는 합니다. 그런데 뉴스를 통해서 접하는 수많은 현대 사회의 병폐들은 개개인의 윤리적인 문제 때문에 생기는 경우가 많습니다. 이러한 이유로 대학 입시 전형에서도 학생들의 인성을 중요한 평가 요소로 반영하고 있습니다. 특히, 의대 같은 경우에는 심층 면접을 통해서 학생들의 인성적인 부분을 깊이 있게 평가하여 점수에 반영하고 있습니다. 의사라는 직업이 가지고 있는 사회적인 영향력이 커서 의사의 직업적 윤리를 드러내는 인성이 중요하기 때문일 것입니다.

　현대 사회에서 성공한 리더일수록 인성은 매우 중요한 자질입니다. 리더는 다른 사람들보다 사회적 책임감이 더 엄격하게 요구되는 위치에 있기 때문입니다. 그래서 자녀가 사회적으로 성공하기를 바란다면 무엇보다 자녀의 인성을 길러주어야 합니다. 왜냐하면 자녀가 사회적으로 성공한다는 것은 윤리적 책임감이 더 많이 요구되는 리더의 역할을 하는 사람이 된다는 것이기 때문입니다.

　자녀의 인성을 길러주는 것이 중요한 이유는 요즘 뉴스를 보면 분명해집니다. 우리는 뉴스를 통해서 사회적으로 성공한 사람들이 사회적으로 용납할 수 없는 윤리적인 문제를 일으켜서 순식간에 추락하는 것을 종종 볼 수 있습니다. 성숙하고 민주적인 사회일수록 리더가 실력이 뛰어나더라도 도덕적으로 결함이 있는 것을 원하지 않습니다. 그렇기 때문에 부모가 자녀의 인성을 길러주는 것이 자녀가 어렵게 도달한 성공의 자리에서 추락하는 것을 예방하는 최선의 방법입니다.

　인성은 자녀의 학습에서도 중요한 역할을 합니다. 만약에 자녀의 학습 성과를 기대하는 부모라면 자녀의 인성을 먼저 길러주는 것이 필요합니다. 아이들의 인성과 학습 성과의 연관성을 연구한 자료들을 살펴보면 인성이 발달한 아이들일수록 학습 성과가 높게 나오는 것을 확인할 수 있습니다. 가령 학습 성과가 뛰어난 아이들을 살펴보면 지기주도직인 학습을 하는 성우가 많습니다. 그렇기 때문에 많은 부모들이 바라는 것처럼 자녀가 자기주도학습을 하기 위해서는 자녀의 인성이 뒷받침되어야 가능하다는 것을 알 수 있습니다.

✓ 인성이 좋으면 자존감과 회복탄력성이 높다.

아이들의 인성과 관련한 연구들을 살펴보면 인성이 좋은 아이들이 자존감도 높다는 것을 알 수 있습니다. 그리고 인성이 좋은 아이들이 실패에 대한 심리적 회복력인 회복탄력성도 높게 나옵니다. 이러한 연구 결과들이 자녀를 양육할 때 절대적인 지침이 되지는 않더라도 충분히 고려해보고 적용해 볼만한 가치가 있습니다. 대학 입시 경쟁이 치열하다보니 부모들이 자녀의 학습 성과에만 관심을 가지기 쉽습니다. 이러한 현실 속에서 인성과 관련한 연구 결과들은 부모가 자녀의 성공적인 삶을 위해서 진짜 중요한 것이 무엇인지 살펴볼 수 있도록 하기에도 충분합니다.

부모들이 걱정하는 자녀의 대학 입시에서도 실제로 자녀의 인성은 중요한 선발 기준이 되고 있습니다. 대학의 학생 선발에 관한 연구개발을 담당하는 '한국 대학교육협의회'의 발표를 살펴보면, 대학에서 학생 선발을 할 때 교사 추천서에 있는 '인성 및 대인관계 평가 항목'을 중요한 자료로 활용하고 있다고 합니다. 대학에서는 인성 및 대인관계 평가 항목을 책임감, 성실성, 준법성, 자기주도성, 리더십, 협동심, 나눔과 배려 등의 7개 분야를 평가한다고 합니다. 특히, 서울대 의과대학은 수시모

집에서 구술고사를 없애는 대신 인성과 적성 면접을 강화하고 있습니다.

이와 같이 자녀의 인성은 대학 입시에서도 매우 중요한 역할을 하고 있습니다. 자녀의 인성은 성격적인 특성이기 때문에 오랜 시간에 걸쳐서 형성되는 것입니다. 그렇기 때문에 부모는 자녀가 어릴 때부터 바람직한 인성이 발달할 수 있도록 도와줘야 합니다. 그래서 부모가 자녀를 양육하고 훈육할 때는 자녀의 바람직한 인성을 개발시켜주는 것을 원칙으로 해야 합니다. 그리고 부모가 자녀의 학습을 코칭할 때에도 이러한 원칙이 기본이 되어야 합니다. 부모가 자녀의 학습을 코칭하는 주된 목적은 자녀의 자기주도학습 완성이기 때문입니다.

3. 인성이 마음의 힘을 키운다.

부모는 자녀를 양육하면서 불안감을 느낄 수밖에 없습니다. 이러한 부모의 불안은 자녀가 잘 자라서 잘 되기를 바라는 '노심초사'의 마음일 것입니다. 아무리 노심초사하는 부모라도 언제나 자녀와 함께 할 수 없습니다. 그래서 부모가 자녀를 항상 곁에서 도와주거나 지켜 줄 수가 없습니다. 그리고 부모는 자녀가 스스로 선택하고 결정하는 순간마다 바람직한 선택을 할 수 있도록 개입할 수도 없습니다. 그렇기 때문에 부모는 자녀가 자신의 삶을 성공적으로 만들어갈 수 있도록 마음의 힘을 길러줘야 합니다. 그 힘이 바로 자녀의 인성입니다. 인성은 자녀가 어떤 상황에서도 올바른 행동을 선택하도록 하는 신념, 태도, 가치관의 바탕입니다.

[부모코칭 프로그램 적극적인 부모역할(Active Parenting Now)]에서는 용기, 자기존중감(자존감), 책임감, 협동심, 상호 존중감 등 5가지 인성을 자녀가 행복하고 성공적인 삶을 살아가기 위해서 필요한 중요한 자질로 봅니다. 부모는 적극적인 의사소통, 논리적인 결과 부여, 자연적인 결과 부여, 가족 활동, 가족 회의 등의 적극적인 부모역할을 통해서 자녀의 5가지 인성을 개발시킬 수가 있습니다.

[부모코칭 프로그램 적극적인 부모역할(Active Parenting Now)]에서는 다음과 같이 5가지 인성에 대해 이야기하고 있습니다.

① 용기

알프레드 아들러는 "만약 아이들에게 한 가지 선물을 준다면 그것은 아마 용기일 것이다"라고 말했습니다. 그리고 "만약 아이에게 용기가 있다면 그 아이는 자신에게 필요한 모든 것을 학습할 수 있다"라고 확신했습니다.

자녀에게 용기가 있다면 도전적인 삶의 과제들을 해결하기 위해서 노력하고 또 노력할 것입니다. 비록 그 과정 중에 실패하더라도 용기 있는 아이는 실패를 딛고 다시 일어서서 노력할 것입니다. 중요한 사실은 용기가 있는 아이는 어떤 일에 실패하더라도 결코 좌절하지 않는다는 것입니다.

반면에 용기가 없는 아이는 도전적인 삶의 과제 앞에서 쉽게 포기하고 아무런 노력도 하지 않을 것입니다. 용기가 없는 아이의 마음 한켠에는 용기 대신에 두려움이 채워져 있습니다. 이러한 두려움은 아이의 삶을 성공이 아닌 실패로 이끌어 가고, 실패는 아이에게 더 큰 두려움을 가져다줍니다. 그래서 두려움에 사로잡힌 아이는 기가 꺾여서 위축되고 소심한 모습을 보입니다.

우리 사회는 도전적이고 경쟁적인 사회입니다. 이러한 사회에서 자녀가 심리적으로 건강하게 성장하기 위해서는 용기가 필수적인 인성입니다. 게다가 용기는 자녀가 자신의 잠재적인 능력을 끌어내어 충분히 발휘할 수 있도록 합니다. 그래서 경쟁이 치열한 사회에서 용기는 자녀가 자신의 역량을 충분히 발휘할 수 있도록 합니다. 이러한 자녀의 용기는 부모가 자녀를 지속적이고 구체적으로 격려할 때 발달합니다.

② 자아존중감(자존감)

자아존중감은 자녀가 성공적이고 행복한 삶을 살아가기 위해서 반드시 필요한 심리적 자원입니다. 자존감이란 자신이 처한 상황에 따른 영향을 받지 않고 자신을 존중하고 사랑하는 마음입니다. 자존감이 높은 자녀는 자신을 도전에 맞서서 성공할 수 있는 절호의 기회를 가진 능력 있는 사람이라고 생각합니다. 자존감이 높은 자녀는 실패를 하더라도 실패에서 배울 것을 찾기 때문에 실패를 학습의 기회로 여깁니다. 그렇기 때문에 자존감이 높은 아이는 한두 번 실패를 한다고 해서 좌절하거나 포기하지 않습니다. 자기 자신을 '결국에는 성공하는 사람'이라고 믿기 때문입니다. 이러한 자신에 대한 믿음은 아이에게 용기를 심어 줍니다. 그래서 삶에서 주어지는 우연한 기회들을 놓치지 않고 자신이 목표로 하는 성공적인 삶을 위한 발판으로 만들어 갑니다.

자녀의 자존감은 부모가 자녀를 어떻게 대하는지에 따라 달라집니다. 부모가 자녀를 존중하는 태도로 대하면 자녀의 자존감은 높아집니다. 그러나 자녀를 비난하거나 무시하는 태도로 대하면 자녀의 자존감은 낮아집니다. 그렇기 때문에 자녀에게 경제적으로 아무리 많은 것을 준다고 해도 부모가 자녀를 존중하지 않으면 자녀의 자존감은 낮아질 수밖에 없습니다. 그러므로 부모가 자녀의 자존감이 높아지기를 원한다면 자녀를 존중하는 태도로 대해야 합니다. 부모가 자녀를 존중하는 태도가 자녀의 자존감을 높이는 핵심 비결입니다.

③ 책임감

민주주의 사회에서 가장 중요한 가치는 누구나 무엇이든지 선택할 수 있는 자유입니다. 그리고 자신이 선택한 행동의 결과를 책임지는 자유입니다. 우리가 속한 사회는 우리에게 수많은 선택을 하도록 요구합니다. 그런데 자신이 결과에 책임을 져야하는 선택이기 때문에 선택이 항상 달갑지만은 않습니다.

요즘 사람들이 '결정 장애'라는 말을 사용하는 것을 들을 수가 있습니다. 결정 장애는 심리학적 용어가 아닌 신조어입니다. 예를 들어서 식당에 가서 무엇을 먹을지 선택하기 어려운 마음의 상태를 표현할 때 "나는 결정 장애가 있어서 고르기가 어렵다"라고 말합니다.

역사적으로 인간은 자유를 좋아하고 자유를 통제하는 권력 앞에서 자유를 달라고 외쳐왔습니다. 개인적으로도 청소년기 아이들은 부모로부터 자유를 쟁취하기 위한 투사처럼 보이기도 합니다. 그런데 무한한 자유가 주어지면 좋을 것 같지만 오히려 스트레스를 받는다고 합니다. 왜냐하면 자유롭게 선택한 후에는 반드시 그 결과에 대한 책임을 스스로 져야 하기 때문입니다. 그러한 이유로 사람들이 자신의 선택에 따른 책임감을 떨쳐버리고 싶어서 '결정 장애자'라고 자처할지도 모르겠습니다.

인간의 자유에 항상 뒤따르는 책임감의 의미를 다음과 같이 정리할 수 있습니다. 우선, 자신이 '해야 하는' 의무를 받아들이는 것입니다. 그리고 어떤 상황에서도 자신의 신념에 따라 올바른 행동을 하는 것입니다. 마지막으로 자신이 선택한 행동을 한 후에 뒤따르는 결과에 대한 책임을 받아들이는 것입니다.

자녀에게 이러한 책임감을 발달시켜 주기 위해서는 부모의 역할이 중요합니다. 우선, 부모는 자녀의 선택을 존중해주어야 합니다. 물론 위험한 결과를 충분히 예상할 수 있는 선택은 제외입니다. 성장 과정 중에 있는 미성숙한 자녀의 선택들이 부모의 마음에 들지 않을 수 있습니다. 자녀의 선택 행동에 따른 좋지 않은 결과가 부모의 눈에 뻔히 보이기 때문에 무조건 못하게 하고 싶을 수도 있습니다. 그럼에도 불구하고 위험을 초래하는 경우가 아니라면 자녀의 선택을 존중하는 것이 중요합니다. 부모는 자녀가 선택한 행동의 결과를 경험하게 함으로써 자녀가 자신의 선택에 따른 책임을 지도록 도와줘야 합니다.

자녀가 항상 옳은 선택을 할 수가 없습니다. 미성숙한 자녀가 실수하는 것은 당연합니다. 중요한 사실은 자녀는 실수를 통해서 성장한다는 것입니다. 부모가 자녀의 실수를 두려워하여 선택을 못하게 하면 자녀의 책임감이 발달하지 못하고 성장하지도 못합니다. 그렇기 때문에 부모는 자녀의 실수를 너그럽게 받아들일 마음의 준비가 되어 있어야 합니다.

부모가 자녀의 선택 행동에 따른 책임감을 길러줘야 하는 가장 큰 이유가 있습니다. 한 순간에 일어나는 자녀의 올바르지 않은 행동으로 자신과 타인의 생명을 위협하는 일이 생길 수도

정답 없는 입시, 균형이 답이다 · 초등편 ·

있기 때문입니다. 우리는 뉴스를 통해서 학교폭력, 성폭력, 데이트폭력, 가정폭력, 살인 등 책임감이 결여된 행동의 결과들을 수없이 접할 수가 있습니다. 이러한 소식을 들을 때마다 사람들은 가해자의 인성에 대해서 이야기합니다. 만약 사건 가해자들이 자신의 선택에 따른 책임감을 충분히 고려했다면 이러한 사건들이 일어나지 않았을 수도 있습니다. 너무 안타까운 사실은 한 사람의 올바르지 않은 선택으로 인해서 피해자의 삶뿐만 아니라 가해자의 삶도 순식간에 파괴된다는 것입니다. 그리고 사건과 관련한 가족들의 삶도 망가지고 고통을 겪는다는 것입니다.

그렇기 때문에 부모는 자녀가 어떤 상황에서도 책임감을 가지고 올바른 선택을 할 수 있도록 준비시켜 줘야 합니다. 자녀의 책임감이 발달해야 우발적이거나 분노 조절이 안 되어 충동적으로 하는 파괴적인 행동들을 예방할 수가 있습니다.

④ 협동심

협동심이란 두 명 이상의 사람들이 공통의 목표를 이루기 위해서 상호지지적인 방식으로 함께 일하는 것입니다. 자녀의 협동심을 길러주기 위해서는 부모가 먼저 솔선수범하면서 자녀와 협동하는 태도를 개발시켜야 합니다. 그렇지 않으면 자녀가 협동하는 태도를 취하도록 도와줄 수가 없습니다. 부모가 협동하는 태도로 자녀와 함께 활동을 하고 어떤 문제를 해결해나갈 때 자녀의 협동심이 발달합니다. 즉, 부모의 협동하는 태도가 자녀의 협동심을 발달시킵니다. 자녀는 삶의 모델이 되는 부모의 태도를 보고 배우기 때문입니다.

협동심은 다른 사람과 협력하는 태도로써 효과적인 의사소통 기술을 필요로 합니다. 자녀가 협동심을 발휘하기 위해서는 다른 사람과 함께 일할 때 필요한 효과적인 의사소통 기술이 있어야 합니다. 그런데 자녀는 부모의 의사소통 기술을 모방하면서 가족의 대화법을 배웁니다. 그렇기 때문에 부모는 자녀와 대화할 때 공감적이면서 효과적인 의사소통 기술을 활용해야 합니다. 부모와 반복적인 대화를 통해서 자녀는 자연스럽게 효과적이고 협력적인 의사소통 기술을 체득하게 됩니다.

적극적인 부모역할(Active Parenting Now)의 기본 이념 중 하나는 우리의 삶이 독립적이지도 않고 의존적이지도 않은 상호의존적이라는 것을 자녀가 이해하도록 돕는 것입니다. 한국 사회에서 아이들은 대학 입시를 목표로 치열하게 공부 경쟁을 하면서 성장합니다. 그렇기 때문에 자녀의 성공에 중요한 인성인 협동심을 발달시키는 것이 쉽지 않습니다. 협동심은 평등을 중요하게 여기는 현대 민주주의 사회에서 중요한 가치를 지닙니다. 그렇기 때문에 협동심이 있는 아이는 협동심이 없는 아이보다 자신의 진로에서 성공할 수 있는 가능성이 더 높습니다. 현대 사회의 기업들은 다른 사람들과 협력할 줄 아는 사람을 인재상으로 여기고 선택하기 때문입니다.

자녀가 10대 후반인 대학 입시까지는 공부 경쟁을 통해서 성공을 하면 상위권 대학에 입학하는 보상을 받습니다. 그러나 대학 이후부터는 자녀가 경쟁보다는 협력을 할 줄 알아야 사회에서 성공할 수가 있습니다. 물론 우리 사회가 현실적으로 경쟁이 없는 사회는 아닙니다. 자녀가 어느 분야에 가든지 경쟁은 존재할 것입니다. 그러나 자녀가 경쟁을 하더라도 다른 사람들과 협력할 수 있는 능력이 있는 것이 중요합니다. 개인 간 경쟁이 치열한 사회일수록 협동심의 가치가 더 돋보일 수밖에 없습니다. 그래서 자녀가 자신의 분야에서 협동심을 발휘한다면 성공적인 리더의 위치로 나아갈 가능성이 높아집니다.

⑤ 상호존중감

상호존중감이란 자기 자신의 존재 가치가 중요한 만큼 다른 사람의 존재 가치도 중요하다는 것을 인식하는 태도입니다. 자아존중감(자존감)이 자기 자신에 대한 평가라면, 상호존중감은 자기 자신과 다른 사람에 대한 태도로 나타납니다. 상호존중감이 발달한 자녀는 자기 자신과 다른 사람의 경제적 능력이나 사회적 지위 같은 사회적 평가와 상관없이 자기 자신과 다른 사람을 있는 그대로 존중할 줄 압니다. 자녀의 상호존중감을 발달시키려면 부모가 자녀를 존중하는 태도로 대해야 합니다. 부모가 일상에서 자녀에게 보여주는 상호존중하는 태도가 자녀가 부모뿐만 아니라 다른 사람을 존중하도록 가르치는 가장 좋은 방법입니다. 이처럼 자녀의 상호존중감은 부모가 자녀를 대하는 태도의 영향을 받아서 발달합니다.

　자녀가 상호존중하는 태도로 다른 사람들을 대한다면 다른 사람들도 자녀를 존중하는 태도로 대할 것입니다. 사람들은 자기 자신을 존중해주는 사람을 존중하고 좋아하는 경향이 있습니다. 그렇기 때문에 상호존중감은 자녀가 어느 분야의 진로에 서든지 사람들에게 인정받고 성공할 수 있는 마음의 힘이 됩니다. 자녀의 상호존중감은 부모가 자녀를 대하는 태도의 영향을 받기 때문에 부모가 자녀에게 화가 나서 가르칠 일이 있을 때에도 자녀를 존중하는 태도로 대해야 합니다. 부모가 자녀에게 화가 날 때에도 자녀를 존중하는 태도로 대한다는 것이 결코 쉽지 않습니다. 그러나 부모가 자신의 화를 조절하고 무서워서 움츠린 자녀를 존중하는 태도로 대하려고 노력하는 모습을 보여야 합니다. 그러한 부모의 태도를 통해서 자녀는 자신의 감정을 조절하고 다른 사람을 존중할 줄 아는 태도를 체득하게 되는 것입니다.

4. 자녀의 미래를 책임지는 학습코칭 키워드

대학교에서 학생들의 학습문제를 상담하다보면 부모 입장에서 아동·청소년기 자녀를 학습코칭할 때 무엇을 중요하게 다루는 것이 좋을까라는 생각을 자주 합니다. 여러 대학생들과 이야기하다보니 부모가 아동·청소년기 자녀를 학습코칭할 때 이것만은 확실하게 기억하고 적용하면 좋을 것들이 분명해졌습니다.

한국에서는 초등학교부터 고등학교까지 의무 교육이기 때문에 보통 12년 동안 공부를 합니다. 그런데 대부분 아이들이 공부를 하는 목적은 현실적으로 대학 입시에서 좋은 성적을 내기 위한 것입니다. 한국의 대학 입시 경쟁이 치열하기 때문에 상위권 대학을 목표로 공부를 하는 것은 아이들에게 분명한 학습 목표가 될 수 있습니다. 그래서 아이들이 상위권 대학 진학이라는 목표를 이루려고 열심히 공부를 해서 성적이 잘 나오면 칭찬받아 마땅한 일입니다.

아이들이 상위권 대학에 입학한다는 것은 아이들에게 12년 공부에 대한 충분한 보상이 되기도 합니다. 그런데 안타깝게도 12년을 공부하는 모든 학생들이 상위권 대학 진학이라는 인생에서 충분히 뽐낼만한 보상을 받지 못한다는 것이 문제입니다. 왜냐하면 아이들이 선호하는 SKY 대학 같은 상위권 대학의 입학 정원은 입시생 대비 2~3% 정도로 한정되어 있기 때문입니다. 가령 50만명의 수험생이 경쟁을 한다면 그 중에서 1만 5천

명 정도만 상위권 대학에 진학할 수가 있습니다. 그렇기 때문에 상위권 대학에 들어갈 수 있는 성적을 내지 못하는 95% 이상 대부분의 아이들이 패배감이라는 심리적 처벌을 받게 되는 것입니다.

아이들이 대학 입시 때문에 인생의 패배감을 느끼는 충분한 이유가 있습니다. 가령, 초등학생들에게 가고 싶은 대학교를 물어보면 서울대를 이야기하는 경우가 많습니다. 실제로 아이들이 다른 대학교 이름은 잘 모릅니다. 그리고 부모들이 자녀에게 공부 자극을 주고 싶어서 탐방하는 대학교 중에서도 서울대가 일 순위입니다. 아마 대부분의 아이들이 서울대만 가보고 다른 대학교는 가보지 못했을 것입니다. 아이들이 사는 인근에 대학이 있더라도 사회적으로 선호하는 대학이 아니라면 쳐다보지도 못하게 했을 것입니다. 그렇기 때문에 많은 아이들이 서울대만 알고 공부를 하다가 소위 '현타(현실 자각 타임)'을 하는 시기가 중·고등학교 때입니다. 그 때 아이들은 자신의 성적으로 갈 수 있는 대학을 현타하고 심리적으로 크게 위축이 됩니다. 왜냐하면 초등학생 때부터 대학교는 서울대만 알고 공부를 했는데 현실은 '인서울 대학교'도 들어가기 어렵다는 것을 깨닫기 때문입니다.

대학교에서 학생들을 만나보면 상위권 대학에 진학하지 못한 현실때문에 자기 자신을 심리적으로 처벌하는 경우를 종종 봅니다. 상담사로서 안타까운 사실은 대학 입시 결과로 자기 자신을 처벌하는 대학생들이 미래의 더 나은 삶을 꿈꾸고 계획하지 못한다는 것입니다. 어떤 대학생들은 마치 자신의 인생에 희망이 전혀 없는 패배자처럼 무기력한 삶의 모습을 보이기도 합니다. 그러한 대학생들을 만나다 보면 패배자의 마음으로 살아가는 자녀의 이야기를 듣게 된다면 부모의 마음이 얼마나 아플까라는 생각을 하게 됩니다.

20대는 한창 열정과 의욕이 넘치는 시기임에도 불구하고 미래에 대한 꿈과 희망이 없어 보이는 대학생들을 만나면 마음이 아픕니다. 그리고 도대체 무엇이 대학생들을 이렇게 무기력하게 만들었을까라는 생각에 화가 나기도 합니다. 물론 한국 사회의 과잉 경쟁적인 대학 입시 체제가 문제라면 문제입니다. 그렇다고 모든 것을 대학 입시 탓으로만 돌려버리면 아이들의 심리적인 문제를 제대로 도와줄 수가 없습니다.

아이들이 대학 입시 결과에 상관없이 자신의 삶과 미래를 낙관적으로 보고 활력 있게 살아갈 수 있게 준비시켜야 합니다. 부모가 자녀가 좌절스러운 상황에서도 포기하지 않고 힘을 낼 수 있도록 마음의 힘을 키워주는 것이 최선의 방법일 것입니다. 그래서 대학생들의 학습문제에 영향을 미치는 요인들을 찾아서 적용한다면 아동 · 청소년기 자녀의 심리적 건강에 도움이 될 것 같습니다. 그리고 부모가 자녀를 학습코칭 할 때 중요하게 다루어야 할 것들의 우선순위를 정하는 데도 도움이 될 것 같습니다.

대학생들을 대상으로 학습에 대한 주제로 상담을 진행하다 보면 자주 접하는 이야기들이 있습니다. 그 중에서 보편적인 상담 주제를 자아정체감, 자기주도학습, 대인관계, 진로 등 크게 4가지 키워드로 분류할 수가 있습니다. 이와 같은 4가지 키워드를 부모가 먼저 깊이 이해해야 합니다. 그런 후에 아동·청소년기 자녀의 발달이 필요한 부분을 도와줄 수가 있습니다. 부모가 4가지 키워드를 이해하기 좋은 방법이 있습니다. 그것은 바로 부모가 과거나 현재의 자신에게 먼저 적용해 보는 것입니다. 그렇게 하면 자녀가 어떤 부분을 힘들어하는지 이해할 수 있기 때문에 자녀에게 적절한 도움을 줄 수가 있을 것입니다.

① 자아정체감 ("나는 누구인가?")

− 자녀의 5가지 인성 중 용기, 자존감, 책임감 필요

자아정체감이란 자기 자신의 고유함에 대해 시간이 지나도 변하지 않는 일관적이고 통합적인 생각과 느낌입니다. 자녀의 자아정체감은 자신의 삶을 대하는 태도로 드러납니다. 더 나아가 자녀가 실패 상황에서도 좌절하지 않고 다시 도전할 수 있는 태도로 나타납니다.

자아정체감을 이루는 시기는 보통 중·고등학생 시기입니다. 그런데 이 시기에는 대학 입시를 위한 공부에 집중하다 보니 대학생이 되어서 자아정체감의 혼란을 겪는 경우가 많습니다.

그래서 대학생들 중에 "나는 무엇을 좋아하지? 나는 무엇을 잘하지? 나는 무엇을 하고 싶지? 나는 무엇을 가치 있게 여기지?" 등 자기 자신에 대한 이해가 부족한 경우가 많습니다.

현실적으로 아이들이 중·고등학생 때는 대학 입시를 위한 공부에 집중해야하기 때문에 건강한 자아정체감을 형성하는 것이 어려워 보입니다. 왜냐하면 아이들이 건강한 자아정체감을 형성하기 위해서는 경험적 사색과 고민을 충분히 해야 하는데 그럴만한 시간과 마음의 여유가 없기 때문입니다.

그럼에도 불구하고 아이들의 자아정체감 형성은 대학생 이전에 이루어지는 것이 좋습니다. 만약에 아이들이 대학생이 될 때까지 건강한 자아정체감을 형성하지 못한다면 자신의 삶의 방향을 분명하게 잡지 못하고 헤맬 가능성이 높습니다. 그러다 보니 대학생들 중에는 졸업 후 직업을 선택하고 준비해야 할 시기에 혼란스럽게 방황만 하다가 시간을 허비하는 경우가 많습니다. 그래서 정작 자신의 진로를 위해 준비해야할 것들을 충분히 준비하지 못하고 졸업을 하기도 합니다.

물론 20대 청춘은 고민이 많은 시기입니다. 그러나 방향성 있게 고민이 많은 것과 우왕좌왕하듯 혼란한 상태는 다릅니다. 고민은 자신의 발전을 위한 긍정적인 면이 있지만 혼란은 어떻게 살아야할지 몰라서 안절부절하지 못하는 심리적 상태일 뿐입니다. 고민은 생각의 집중이 가능히지만 혼란은 주의산만한 상태이기 때문에 생각의 집중이 어렵습니다. 어느 분야의 진로에서든지 한 가지 일에 집중을 지속적으로 하는 몰입을 할 수 있어야 성공을 할 수 있습니다.

아이들의 건강한 자아정체감은 높은 자존감과 연관성이 있습니다. 그래서 자녀의 자존감이 높으면 자아정체감도 건강하게 형성되어 있다는 것을 의미할 수도 있습니다. 그리고 아이들이 건강한 자아정체감을 형성하기 위해서는 용기가 있어야 합니다. 왜냐하면 자아정체감을 형성하려면 자기 자신에 대한 이해를 객관적인 눈으로 충분히 해야합니다. 이 때 자신의 부족하고 못난 부분도 인정하고 수용할 수 있는 용기가 필요하기 때문입니다. 그래서 자녀가 자존감이 높고 용기가 있으면 안정적이고 건강한 자아정체감을 형성할 수가 있습니다.

건강한 자아정체감을 형성하기 위해서는 책임감도 필요합니다. 왜냐하면 자아정체감을 형성하는 과정은 정신적으로 혼돈스럽고 피곤한 과정인데 책임감은 이 과정을 끝마칠 수 있도록 하기 때문입니다. 그래서 자녀가 건강한 자아정체감을 형성하기 위해서 정신적으로 노력하는 것은 자신의 삶에 대한 책임감 있는 태도입니다.

② 자기주도학습 ("공부를 어떻게 할 지 모르겠어요")
　- 자녀의 5가지 인성 중 용기, 자존감, 책임감 필요

아이들이 대학에 입학한 후에 전공 학습에서 성과를 내기 위해서는 자기주도학습을 해야 합니다. 대학생들은 전공 또는 진

로에 따라서 수강할 수 있는 과목이 다양합니다. 그렇기 때문에 자신의 학습 목표(자신의 진로 목표에 따라 전반적인 지식 함양)에 따라서 필요한 과목을 선택하고 학습 과정에 책임감 있는 태도로 참여해야 합니다.

상담실에서 만난 대학생들이 공부하기 어려워하는 이유 중 하나는 고등학교 때처럼 중요한 내용을 요약해주는 참고서가 없다는 것입니다. 그래서 전공 수업에서 사용하는 교재들은 많은데 강의를 들어도 정작 어떻게 공부해야 할지를 모르겠다는 것입니다. 특히, 대학교 학습에서 무엇이 중요하고 어떻게 학습해야 하는지 등 이전에 자기주도학습을 안 해본 학생일수록 공부하는 것을 힘들어합니다. 안타깝게도 초ㆍ중ㆍ고 12년 동안 공부를 했음에도 불구하고 공부를 어떻게 해야 할지 모르겠다고 하소연 하는 경우가 많습니다.

상담실에서 만난 대학생들의 경우 학습 방법을 모르는 경우는 거의 없습니다. 다만 자기주도적인 학습 태도가 형성되지 않았기 때문에 나타나는 학습문제가 대부분입니다. 자기주도학습은 자기주도적인 삶의 태도 중 한 부분일 뿐입니다. 그렇기 때문에 자녀가 자기주도학습을 못하면 자기주도적인 삶을 살지 못하고 있다는 반증입니다.

상담실에서 만난 대학생들을 살펴보면 이전 시기에 학습 효능감과 학습 성취감을 많이 경험해 본 학생일수록 자존감이 높게 나타납니다. 과거 학습 경험이 부정적인 학생일수록 학습에서 자기주도적이지 못한 태도를 보입니다. 그래서 자존감이 높은 학생일수록 자기주도학습을 하는 경우가 많습니다. 자기주도학습은 자녀의 높은 자존감을 필요로 합니다. 그리고 자녀의 용기가 자기주도학습을 가능하게 합니다. 용기는 자신의 기분과 환경의 영향에 흔들리지 않고 자신의 목표를 성취할 수 있도록 이끌어가기 때문입니다. 그리고 자기주도학습은 책임감이 필요한데 자신이 선택한 학습 과정을 책임감있게 끝까지 마무리 짓게 하기 때문입니다.

③ 대인관계 ("친한 친구가 없어요")

 – 자녀의 5가지 인성 중 용기, 자존감, 책임감, 협동심, 상호존중감 필요

대학생들 중에는 대인관계를 어려워하는 경우가 상당히 많습니다. 대학에서 대인관계를 형성하는 과정이 중·고등학교 때와는 전혀 다르기 때문입니다. 중·고등학교 시기에는 한 교실에서 일 년이라는 시간을 보내기 때문에 서로 익숙해지면서 자연스럽게 친구관계가 형성될 기회가 많습니다. 그러나 대학에서는 자연스럽게 형성되는 대인관계가 없습니다. 그래서 대학에서 친구를 사귀기 위해서는 의식적으로 적극적인 노력을 해야 합니다. 그러다 보니 대학에서 대인관계를 잘하지 못하는 학생들은 학교생활에 흥미를 잃을 수 밖에 없습니다. 대학생들이 학교에 가더라도 같이 시간을 보낼 친구가 없으면 대학 생활에 재미를 느끼지 못합니다. 그러다 보면 학교에 잘 안 가게 되고 수업을 자주 빠지기도 합니다. 그래서 자신이 선택한 전공 학점을 잘 받지 못하니까 전공 학습에 대한 흥미를 잃고 방황하게 됩니다.

아이들이 고등학교 때까지는 매일 같은 교실에 같은 친구들이 모이기 때문에 학교에서 혼자 지낼 일이 거의 없습니다. 그래서 왕따와 같은 폭력적인 상황만 아니라면 학교에 가면 항상 알고 지내는 친구들이 있습니다. 그런데 대학에서는 적극적으로 행동하지 않으면 친구나 선후배를 사귀기가 어렵습니다. 그래서 대인관계 능력이 부족한 학생일수록 학교생활에 적응하는 것을 어려워합니다. 그러다 보니 전공 학습 과목에 대한 정보뿐만 아니라 전공에 따른 실질적인 진로 및 취업에 대한 정보도 취약해질 수밖에 없습니다. 그래서 대학 시기에 체계적이고 계획적으로 자신의 진로 및 취업 준비를 하지 못하는 경우가 많습니다.

사람들이 심리적 어려움으로 상담실에 와서 하는 이야기들 중에는 대인관계 문제가 항상 섞여 있습니다. 사람을 뜻하는 한자 '人'은 두 사람이 기대있는 것을 형상화한 것입니다. 사람은 혼자 살아갈 수가 없습니다. 사람은 항상 다른 사람들과의 관계 속에서 살아갈 수밖에 없습니다. 그래서 대인관계에서 오는 스트레스는 사람이기 때문에 당연한 받는 스트레스인 깃 같습니다. 보통 사람들이 일보다는 가족, 친구, 이성, 회사 동료

등 대인관계에서 오는 스트레스가 더 크다고 합니다. 누구든지 다른 사람들과 친해지고 관계를 유지하기 위해서는 마음의 힘과 노력이 필요합니다.

대인관계를 잘 하기 위해서는 자녀의 인성이 중요한 역할을 합니다. 자녀의 높은 자존감과 용기는 누군가와 친해지려는 목적으로 먼저 말을 걸고 다가갈 수 있게 합니다. 그리고 자녀의 책임감과 협동심 그리고 상호존중감은 한 번 맺은 대인관계를 더 좋은 관계로 발전시키고 유지해 나갈 수 있도록 합니다.

④ 진로 ("졸업하고 뭘 해야 할지 모르겠어요")

　– 자녀의 5가지 인성 중 용기, 자존감, 책임감, 협동심, 상호존중감 필요

아이들이 고등학생 때까지는 목표한 대학을 가겠다는 분명한 삶의 목표가 있습니다. 그런데 대학생 때는 졸업 후 진로와 직업에 대한 분명한 목표가 없는 경우가 많습니다. 안타까운 사실은 대학생들 중에는 자신이 선택한 전공에 대한 이해가 부족한 경우도 많습니다. 어떤 학생들은 자신이 어릴 때부터 생각해왔던 직업과 대학 전공이 맞지 않아서 힘들어 하기도 합니다. 이러한 경우는 대학 입시 전에 자신의 진로에 대해 충분히 고민하고 전공을 결정한 것이 아니라 대학 입시 성적에 따라 전공을 선택했기 때문인 것 같습니다. 그래서 대학교에서 자신이 선택한 전공을 공부하면서도 자신의 진로와 직업을 어떻게

준비해 나갈지 몰라서 당황스러워 하기도 합니다.

이처럼 대학 입시 전에 자신의 진로와 직업에 대한 이해와 준비가 부족한 상태에서 전공을 선택한 경우에는 대학 생활에 잘 적응하지 못합니다. 그러다 보니 대학 과정 동안 진로와 취업 준비를 제대로 하지 못하고 졸업 학기를 맞이하기도 합니다. 그러다 보니 대학생들이 졸업 후에 직업인으로써 사회에 적응해야 하는데 그렇게 하지 못해서 부적응적인 상태가 되기도 합니다. 발달상 20대에는 자신의 직업을 가지고 사회에 적응하는 것이 가장 큰 과제입니다. 그런데 이 과제를 풀지 못하면 심리적으로 큰 어려움을 겪게 됩니다.

대학에서는 보통 자신의 진로 목표 및 직업 선택에 따라서 학습 목표를 세우게 됩니다. 그리고 자신의 학습 목표에 따라서 세분화된 학습 전략이 세워집니다. 이 때 학습 목표에 맞는 학습 전략이 구체적일수록 기대하는 학습 성과를 낼 수 있습니다. 그렇기 때문에 아이들이 대학 이전에 자신의 진로 및 직업에 대해 충분히 이해를 하고 그에 따라 대학 전공을 선택해야 합니다. 그렇게 해야 대학 과정 동안 자신의 진로 목표에 따라서 취업 준비를 성공적으로 할 수가 있습니다.

자녀의 인성은 자녀의 진로와 직업에서도 영향을 미칩니다. 자녀가 진로와 직업을 선택하고 준비할 때는 어떤 일이든지 도전하고 해낼 수 있다는 용기와 높은 자존감이 필요합니다. 그리고 자신의 진로 목표를 이루기 위한 과정을 성실하게 준비하

는 책임감이 필요합니다. 현실 직업세계에서 자녀가 어떤 직업
군의 일을 하든지 혼자서 하는 일은 거의 없을 것입니다. 그렇
기 때문에 자신의 전문성으로 다른 사람들과 함께 일을 하면서
공통의 목표를 이루기 위해서는 협동심과 상호존중감이 필요합
니다.

제3장
자녀 학습코치로서
부모에 대한 이해

1. 부모는 자녀의 마지막 버팀목이다.

✓ 가족은 자녀가 넘어지더라도 다시 일어서게 한다.

인간의 여러 감정을 형상화해서 애니메이션으로 만든 '인사이드 아웃'이라는 영화가 있습니다. 영화를 보면 주인공 소녀 라일리가 성장하면서 경험하는 것들이 자원이 되어서 만들어지는 5개의 섬들이 있습니다. 그리고 그렇게 만들어진 5개의 섬들이 모여서 라일리의 인성을 형성합니다.

영화의 절정 부분에서 사춘기인 라일리가 가출을 결심하고 집을 떠나는 모습이 나옵니다. 라일리가 가출을 고민하다가 실행하는 순간에 라일리의 인성을 지탱했던 5개의 섬들 중에 4개의 섬들은 이미 다 파괴되어 버립니다. 그런데 라일리가 부모와 함께 포옹하는 모습을 형상화한 '가족' 섬만은 빛은 바랬지만 끝까지 파괴되지 않고 남습니다. 결국 라일리의 인성을 형성하는 섬들 중에서 마지막 남은 '가족' 섬 덕분에 라일리는 가출이라는 삶의 위기상황을 극복하는 장면이 나옵니다. 라일리가 가족과 함께 보낸 행복했던 시간들이 라일리가 가출을 시도했다가 다시 가족 품으로 돌아가게 하는 계기가 된 것입니다. 집으로 돌아온 라일리는 가족의 품 안에서 심리적인 안정을 되찾고 다시 성장해 나갑니다.

영화에서 보여주는 것처럼 우리의 기억 속에는 경험에 따른 정서들이 함께 있습니다. 그래서 좋은 기억에는 기분을 좋게 하는 정서가 있고, 나쁜 기억에는 기분을 나쁘게 하는 정서가 있습니다. 영화에서처럼 자녀가 가족과 함께 하는 경험들은 자녀의 인성에 매우 큰 영향을 미칩니다. 자녀가 가족과 함께 했던 경험들과 정서들이 쌓여서 자녀의 핵심적인 인성을 형성하기 때문입니다.

영화 인사이드 아웃에서 볼 수 있는 것처럼 가족은 자녀가 맞닥뜨리는 삶의 위기 상황에서 그 위기를 극복할 수 있도록 하는 마지막 버팀목 역할을 합니다. 그렇기 때문에 부모는 자녀의 인성을 구성하는 '가족' 섬이 견고하게 만들어질 수 있도록 자녀에게 심리적으로 안정적인 환경을 제공해야 합니다. 자녀가 살아가면서 홀로 대처해야 하는 삶의 위기 상황들이 있습니다. 그런데 자녀가 오롯이 감당해야하는 삶의 위기 상황의 순간마다 부모가 다 도와줄 수가 없습니다. 그래서 자녀가 삶의 위기 상황에 처할 때 '가족' 섬마저 없으면 옳지 못한 선택을 하여 자녀의 삶이 회복하기 어려운 상태가 될 수도 있습니다. 대부분의 부모들은 자녀가 삶의 위기에 걸려 넘어지더라도 다시 일어나서 꿋꿋하게 살아가기를 바랄 것입니다. 이러한 부모들의 바람이 이루어지려면 자녀의 인성에 '가족' 섬을 견고하게 만들어주어야 합니다.

✔ 부모는 자녀가 성공하기를 바라는 유일한 사람이다.

부모가 자녀의 성공을 바라는 것은 너무나 당연합니다. 자녀가 건강하게 성장하여 행복하고 성공적인 삶을 살기를 바라는 부모의 마음은 시대나 민족과 상관없이 비슷할 것입니다. 상담실에서 만난 부모들의 이야기를 들어보면 "부모 마음이 별거 있나요! 우리 아이가 건강하게 자라서 잘 되는 거지요"라고 비슷한 말들을 합니다. 자녀가 잘 되기를 바라는 마음은 부모로서 당연하고 시공간을 넘어 보편적인 마음일 것입니다.

상담실에서 만난 부모들 중에서 자녀가 실패하기를 바란다는 부모를 만나 본 적이 없습니다. 다만 부모들 중에 애지중지 키운 자녀의 문제행동 때문에 너무 화가 나서 자녀를 심하게 욕하는 경우는 종종 있습니다. 그러나 자녀에 대한 부모의 마음은 과거나 현재나 미래에도 비슷할 것입니다. 그것은 '앉으나서

나', '자나깨나' 자녀가 건강하고 잘 되기를 바라는 마음일 것입니다.

✓ 부모에게 자녀의 학습은 어려운 문제이다.

대부분의 부모들이 자녀가 커서 잘 되기를 즉, 사회적으로 성공하기를 바라기 때문에 자녀의 학습문제는 매우 큰 어려움입니다. 실제로 상담실에서 만난 아동·청소년기 부모들이 가장 힘들어하는 공통적인 문제가 바로 자녀의 학습문제입니다. 그래서 부모들이 자녀의 심리적인 문제보다는 자녀의 학습문제를 감당하기 어려울 때 상담적인 도움을 요청하는 경우가 많은 것 같습니다.

많은 부모들이 자녀의 심리적인 문제는 시간이 지나면 자연스럽게 해결될 수 있다고 생각하는 것 같습니다. 그런데 부모들이 알아야 할 사실이 있습니다. 자녀의 심리적인 문제는 반드시 학습문제로 나타난다는 것입니다. 그래서 많은 경우 부모들이 자녀의 학습문제가 나타날 때 상담실에 도움을 받으러 오기 때문에 그 때에 비로소 자녀의 심리적인 어려움도 도움을 받게 됩니다.

아마도 자녀는 학습문제가 생기기 전부터 부모에게 자신의 마음이 힘들다는 신호를 보냈을 것입니다. 아이들은 대처하기 어려운 사건이나 상황에 처하면 자신이 힘들다는 신호를 부모에게 보냅니다. 그런데 아이들에 따라서는 자신이 힘들 때 부모에게 보내는 신호가 약하고 불분명하기 때문에 부모가 주의하지 않으면 알기 어렵습니다. 그러다가 부모가 알지 못했던 자녀의 심리적 어려움이 학습문제로 나타나면 부모가 그 상황을 매우 힘들어합니다. 그래서인지 아동·청소년기 자녀를 둔 부모들이 자녀의 학습문제 때문에 상담실을 찾는 경우가 많습니다.

자녀의 학습문제가 눈에 보이더라도 중요한 것은 눈에 보이지 않는 자녀의 마음입니다. 그래서 자녀의 학습문제는 마음의 문제라는 인식의 전환이 필요합니다. 그리고 부모가 자녀의 학습문제를 발견했을 때 "너 왜 이렇게 공부를 안 하니"와 같은 비난을 하면 절대 안 됩니다. 오히려 자녀의 마음이 힘들었다는 사실을 부모가 미처 몰랐다는 것을 미안해해야 합니다. 그리고 이전에 무심코 지나쳤던 자녀의 말과 행동 등을 기억해보고 자녀가 부모에게 도와달라고 보냈던 마음의 신호를 찾아야 합니다. 그러면서 자녀와 대화를 적극적으로 시도하면서 자녀의 이야기를 경청하고 자녀의 마음을 공감하려고 노력해야 합니다.

2. 학습코치로서 부모 성찰하기

자녀 학습문제를 주제로 부모 상담이나 부모 교육을 할 때는 부모들이 자기 자신과 양육 태도를 되돌아볼 수 있도록 몇 가지 질문들을 합니다. 그 중에서 자주 사용하는 질문들이 있습니다. 이 질문들을 부모 자신을 객관적으로 살펴보기 위한 '자기 성찰 질문지'로 활용해도 유용할 것 같습니다.

부모가 자녀의 학습을 관리하다 보면 어느 순간부터 바람직한 부모 역할은 사라지고 무서운 선생님 역할만 하게 됩니다. 이 세상에서 오직 부모만이 자녀에게 해 줄 수 있는 것이 있습니다. 그것은 자녀를 '있는 그대로도 괜찮아'라고 보듬어 안아줄 수 있는 부모의 사랑입니다. 자녀는 세상에서 유일한 부모의 사랑을 받기 때문에 몸과 마음이 건강하게 성장할 수 있는 것입니다. 자녀에게 부모의 사랑은 생존에 필요한 물과 같습니다. 그래서 만약에 자녀가 부모의 사랑이 부족해서 갈증을 느끼면 생존을 위해서 부모가 주는 사랑의 물을 얻기 위한 노력을 하게 됩니다. 그래서 어떤 아이들은 부모의 사랑을 받기 위한 노력으로 부모가 시키는 대로 공부를 열심히 하기도 합니다. 부모의 사랑에 대한 갈증이 심할수록 자녀는 부모가 주는 한 모금의 사랑의 물이 그리워서 더 열심히 공부하기도 합니다. 부모는 자녀가 열심히 공부하니까 만족스러울 수 있지만, 자녀는 불만족스러움을 고통스럽게 견디고 있는 것입니다.

상담을 하다 보면 자녀가 열심히 공부를 하는데도 불구하고 더 열심히 공부하라고 몰아 부치는 부모들이 있습니다. 마치 "달리는 말에 거센 채찍질"을 하는 것처럼 부모가 자녀를 대하는 태도가 너무 가혹해 보이기도 합니다. 이처럼 부모가 자녀에게 기혹한 대상이 되어버리면 자녀는 부모에게 더 이상 친밀함을 느끼지 못합니다. 부모가 자녀의 학습을 코칭 하고 성적을 올리는 것도 중요하지만 부모는 자녀에게 정서적으로 친밀한 대상으로 남아있어야 합니다. 그렇기 때문에 부모가 자녀의 학습을 코칭 하더라도 자녀와 정서적으로 친밀한 관계를 유지하기 위해서 의식적으로 노력해야 합니다.

부모가 정서적 친밀함과 학습 코칭이라는 두 가지 역할을 동시에 잘 한다는 것이 말처럼 쉽지가 않습니다. 그럼에도 자녀를 양육하는 것은 부모의 역할이자 책임이기 때문에 부모로서 의지적인 노력을 해야합니다. 한 가지 좋은 방법은 자녀 양육의 어려움을 서로 이해하고 지지해 줄 수 있는 부모 모임에 지속적으로 참여하면 좋습니다. 그런데 현실적으로 거주 지역에서 괜찮은 부모 모임을 찾아서 참여하는 것이 쉽지가 않습니다. 그렇기 때문에 차선책으로 다음과 같은 '자기 성찰 질문지'를 활용하여 부모 자신을 되돌아보고 부모 역할의 균형을 잡으면 좋을 것 같습니다.

부모가 '자기 성찰 질문지'를 통해서 하루에 한 가지 질문에 답하다 보면 자녀 양육에 대한 생각을 바르고 분명하게 하는

데 도움이 될 것입니다. 더 나아가 부모가 자녀를 양육하면서 성찰한 내용을 기록하여 남기면 언젠가 부모가 될 자녀에게 매우 귀중한 양육 경험을 유산으로 물려주는 것입니다. 그것은 마치 자녀 양육이라는 막막한 어둠 속에서 올바른 방향을 알려주는 불빛과 같은 부모의 사랑이 담긴 양육 지침서가 될 것입니다.

✓ 자기 성찰 질문지

요일	하루 성찰 질문
월요일	1. 자녀가 어떤 사람이 되기를 바라나요?
화요일	2. 자신의 삶은 만족스러운가요?
수요일	3. 자녀를 양육하는 것이 행복한가요?
목요일	4. 자녀의 '안전기지' 역할을 하나요?
금요일	5. 자녀를 존중하는 태도로 격려하나요?
토요일	6. 자녀가 선택하고 책임지도록 기회를 주나요?
일요일	7. 자녀와 함께 정기적으로 하는 가족활동이 있나요?

① 자녀가 어떤 사람이 되기를 바라나요?

— 부모는 자녀 양육에 대한 올바른 가치관과 신념을 확고하게 가지고 있어야 합니다. 그리고 자녀가 어떻게 성장하면 좋을 지에 대한 부모가 기대하는 자녀의 미래 모습을 분명하게 그려야 합니다. 그렇지 않으면 자녀를 양육하고 교육하는 데 있어서 주변 사람들의 이야기에

따라 마음이 흔들려서 혼란스러워지기만 합니다. 부모가 자녀 양육과 교육에서 올바르게 중심을 잡지 못하고 혼란스러우면 자녀를 올바른 방향으로 이끌어주기가 어렵습니다.

② 자신의 삶은 만족스러운가요?

— 부모가 자신의 삶이 만족스럽지 않으면 정서적으로 자녀를 지지하고 격려하는 것이 어렵습니다. 부모가 자신의 삶이 만족스러울 때 자녀를 이해하고 품어줄 수 있는 마음의 여유가 생깁니다. 자녀 양육에 있어서 변치 않는 중요한 사실은 부모가 행복해야 자녀도 행복합니다.

③ 자녀를 양육하는 것이 행복한가요?

— 현대 사회는 맞벌이를 하는 부모들이 많습니다. 부모는 일을 통한 직업적 성취와 자녀 양육 사이에서 어느 한쪽으로 치우치지 않게 균형을 잘 잡아야 합니다. 그런데 일과 양육을 동시에 하면서 균형을 잡는 것이 결코 쉬운 일이 아닙니다. 보통 아빠보다는 직장맘들이 일과 양육 사이에서 갈등이 더 많습니다. 그래서 많은 직장맘들이 자녀 양육을 위해서 일을 그만두기도 합니다. 만약에 부모가 회사를 그만두고 자녀와 함께 하는 시간이 행복하다면 전혀 문제될 것이 없습니다. 그런데 부모가 자신의 일을 포기하고 자녀를 양육하는 것이 행복하지 않다면 일과 양육을 병행할 수 있는 최선의 방법을 찾아야 합니다. 그리고 자녀가 어느 정도 성장할 때까지는 일과 양육을 병행하는 쉽지 않은 삶을 견디어야 합니다. 이 때 자녀 양육에 대한 책임은 부모에게 있기 때문에 부부가 서로 협력하는 지혜와 배려가 필요합니다.

④ 자녀의 '안전기지' 역할을 하나요?

— '안전기지'는 존 볼비(John Bowlby)의 애착이론에서 자녀의 건강한 심리적 성장에 필요한 부모 역할을 비유하는 용어입니다. 안전기지는 되돌아갈 수 있는 안식처를 포함합니다. 그래서 부모는 자녀의 마음이 힘들고 지칠 때 돌아가서 안전하게 기댈 수 있는 안식처입니다. 심리적으로 신뢰할만한 안전기지가 없는 자녀는 고통을 겪어도 돌아갈 안식처가 없기 때문에 쉽게 좌절하고 포기합니다. 아이들은 안전기지인 부모가 신뢰할만한 지에 따라서 심리적으로 안정적일 수도 있고 불안정적일 수도 있습니다. 심리적으로 불안정한 아이들은 세상을 위험하고 불안한 곳으로 경험하기 때문에 주눅 들고 위축될 수밖에 없습니다.

⑤ 자녀를 존중하는 태도로 격려하나요?

— 부모는 자녀를 존중하는 태도로 대해야 합니다. 부모가 자녀를 존중하면 자녀는 자기 자신을 존중하면서도 다른 사람을 존중할 줄 알게 됩니다. 그래서 자녀의 자아존중감과 다른 사람과의 관계에서 중요한 상호존중감이 함께 발달할 수 있습니다. 그리고 부모는 자녀를 칭찬하기보다는 격려를 많이 해줘야 합니다. 왜냐하면 칭찬과 격려의 효과가 사뭇 다르기 때문입니다. 결과를 중요시하는 칭찬은 "잘 했어"처럼 자녀가 한 행동의 결과에 대한 보상입니다. 그래서 칭찬은 자녀가 시도한 결과가 좋아야 좋은 것이라는 생각을 하게 합니다. 그러다보면 자녀는 자신이 100% 성공해서 칭찬을 받을 수 있는 일이 아니면 아예 도전조차 안하려고 합니다. 반면에 과정을 중요시하는 격려는 자녀가 시도한 결과에 상관없이 자녀의 용기와 의욕을 높여줍니다. 그래서 자녀가 계획한 목표를 이루려는 동기를 더욱 강화하여 목표를 성취하도록 합니다. 드라이커스는 "식물이 물을 필요로 하듯이 인간은 격려를 필요로 한다"고 했습니다.

⑥ 자녀가 선택하고 책임지도록 하나요?

— 자신이 선택하고 책임질 줄 아는 아이는 자기주도적인 삶을 살고 있는 것입니다. 자기주도학습은 자기주도적인 삶의 한 부분입니다. 부모가 자녀의 자기주도적인 능력을 키워주려면 일상에서 자녀가 할 수 있는 것은 자녀 스스로 하도록 도와줘야합니다. 그리고 자녀가 자신이 선택하고 한 일의 결과에 대한 책임을 지도록 훈육해야 합니다. 부모가 자녀의 실수나 실패를 보기 싫어서 자녀가 할 수 있는 것도 미리 개입해서 해주는 경우가 많이 있습니다. 그런데 그렇게 하면 부모가 자녀의 자기주도적인 능력이 발달하는 것을 방해하고 있다는 사실을 기억해야 합니다.

⑦ 자녀와 함께 정기적으로 하는 가족활동이 있나요?

— 자녀가 가족과 함께 행복하고 의미 있는 시간을 보낸 경험은 마음의 힘을 키우는 데 있어서 중요한 자양분이 됩니다. 가족이 함께 하는 활동이 좋은 줄 알면서도 가족 활동을 어렵게 생각하는 부모들이 있습니다. 가령, 가족이 멀리 여행을 가야 한다든지 현장 학습 같은 체험 프로그램에 참여해야한다는 식입니다. 그런데 가족 활동은 가족회의, 독서토론, 산책하기 등 각 가정의 상황에 따라서 자녀와 함께 할 수 있는 정기적인 활동이면 충분합니다. 그리고 가족 활동은 어떤 활동을 하는지 보다는 자녀가 부모와 함께 하는 시간이 즐겁고 행복한 것이 무엇보다 중요합니다.

　　부모가 자녀의 학습을 성공적으로 코칭하는 것보다는 자녀와 정서적으로 친밀한 관계가 우선입니다. 부모가 자녀와 관계가 좋지 않은데 자녀의 학습을 코칭하는 것은 자녀의 세상에서 가장 중요한 부모 역할을 포기하는 것과 같습니다. 부모는 자녀에게 세상에서 가장 안전하고 신뢰하고 의지할 대상입니다. 그런데 부모가 자녀의 학습성과에 치중하여 학습코치가 되면 자녀의 심리적 안식처인 중요한 대상이 사라지는 것입니다. 이러한 상실 경험은 자녀에게 세상이 안전하지 않다는 느낌을 주기 때문에 자녀의 불안감과 우울감이 높아집니다. 그래서 상담실에서 만나는 부모들 특히, 엄마들에게 다음과 같이 이야기합니다.

"엄마는 자녀가 심리적으로 의지하고 기댈 수 있는 안전기지이자 안식처입니다. 자녀에게 엄마는 먼저 엄마여야 합니다. 엄마는 학교나 학원 선생님이 아닙니다. 엄마마저 선생님이 되어버리면 이 아이의 엄마는 도대체 어디에 있나요? 엄마가 심리적으로 기댈 곳이 안 되면 이 아이는 누구에게 기대어 힘을 낼 수 있겠어요. 그러니 마음이 아픈 아이에게 엄마로서 먼저 대해 주세요. 선생님 역할은 안 하셔도 됩니다. 선생님들은 학교나 학원에 가면 많이 있습니다. 힘들어하는 아이에게 제발 엄마가 먼저 되어주세요."

제3장 자녀 학습코치로서 부모에 대한 이해

3. 학습코치로서 부모 유형 알기

　상담실에서 아이들을 만날 때마다 "아이의 부모와 아이는 집에서 어떻게 지내고 있을까?" 라는 생각을 합니다. 심리적인 어려움이 있는 아이들을 더 깊이 이해하고 도와주기 위해서는 아이들이 집에서 부모와 어떤 경험을 하고 있는지 확인이 필요합니다. 부모와 자녀의 관계에 대한 이해는 심리상담사에게 중요한 정보입니다. 그리고 부모와 자녀 관계는 상담장면에서 아이들에게 어떤 상담적 도움을 주는 것이 효과적일지 알려주기도 합니다. 그렇기 때문에 심리상담사로서 아무래도 부모와 자녀의 관계를 주의 깊게 살펴보게 됩니다.

　상담센터를 찾아오는 아이들이 상담사를 만나는 것은 낯선 사람을 만나는 경험입니다. 특히, 상담 첫째 날은 상담실에서 아이들이 상담사와 단 둘이 마주 앉아 있으면 긴장을 하기도 합니다. 그래서 상담사는 아이들의 마음이 편해질 수 있도록 많은 부분을 세심하게 신경 씁니다. 그럼에도 불구하고 어떤 아이들은 상담사와 이야기하는 것을 매우 어려워하고 힘들어 합니다. 아이들이 자라면서 경험했던 사람들이 다르듯이 아이들마다 상담사를 대하는 태도가 다 다릅니다.

　상담이 진행되다 보면 대부분의 아이들은 상담사에게 자신의 마음을 열고 편안하게 자신의 이야기를 시작합니다. 어떤 아이들은 자신의 마음의 문을 빨리 열어서 상담사를 자신의 마음으로 초대하기도 합니다. 그런데 어떤 아이들은 마음의 문고리를 굳게 잡고 상담사가 자신의 마음으로 들어오는 것을 쉽게 허락하지 않습니다. 그렇기 때문에 아이들이 상담사를 대하는 태도를 보면 아이들이 대인관계에서 어떠한 태도를 취하는지 어느 정도 유추할 수가 있습니다. 그리고 아이들의 대인관계 방식에 매우 큰 영향을 미치는 부모 역할의 유형도 어느 정도 추측할 수가 있습니다.

[부모코칭 프로그램 적극적인 부모역할(Active Parenting Now)]에서는 부모 역할 유형을 전제형 부모, 자유방임형 부모, 민주적 리더형 부모(적극적인 부모(Active Parenting)) 등 크게 세 가지로 분류합니다. 그리고 세 가지 부모 역할 유형 중에서 민주적 리더형 부모를 가장 바람직한 부모 유형으로 보고 있습니다. 민주적 리더형 부모는 현대 사회에서 가장 바람직한 부모 유형으로 적극적인 부모역할(Active Parenting)을 하는 부모입니다. 부모가 자신의 부모 역할 유형을 이해하는 것은 중요합니다. 부모 역할 유형에 따라서 자녀의 태도가 다르게 나타날 수 있기 때문입니다. 그래서 부모 역할 유형에 따라서 상호관계적으로 나타나는 자녀의 태도를 부모가 이해하고 수용하는 데 도움이 됩니다. 이러한 이유로 부모가 자녀에게 기대하는 바람직한 태도가 있다면 그것을 가능하게 하는 부모 역할 유형을 이해하고 자녀에게 적절한 태도를 취하면 됩니다.

[부모코칭 프로그램 적극적인 부모역할(Active Parenting Now)]에서는 다음과 같이 세 가지 부모 역할 유형에 대해서 알

려주고 있습니다. 부모 역할 유형의 분류를 통해서 부모들이 자신의 부모 역할 유형을 이해할 수 있도록 도와줄 것입니다.

① 전제형 부모 : "나는 독재자다"

전제형 부모는 막강한 힘을 가진 독재자로서 자기 마음대로 자녀를 지도하려고 합니다. 이러한 부모는 자녀에게 상과 벌을 주면서 자신이 내린 명령을 집행하는 지배적인 인간입니다. 전제형 부모는 자녀가 무엇을 어떻게, 어디서, 언제 해야 할지를 분명하게 알려줍니다. 자녀는 부모에게 질문을 하거나 반대 의견을 낼 수가 없습니다. 이러한 독재적인 양육 방법이 인간의 불평등이 일반적이었던 시기에는 괜찮았습니다. 그러나 오늘날과 같이 평등을 강조하는 시대에는 어울리지 않습니다.

전제형 부모 밑에서 자란 아이들은 성공적인 삶을 사는 것이 어렵습니다. 왜냐하면 전제형 부모의 독재적인 태도 때문에 아이들이 기가 죽어 있기 때문입니다. 그래서 어떤 일이든지 스스로 포기하는 경우가 많습니다. 그리고 분노가 많아서 사람들에게 매우 거칠고 반항적인 모습을 보이기도 합니다. 이러한 반항은 보통 십대에 많이 일어납니다. 왜냐하면 자녀가 십대가 되면 부모와 맞서 싸우기에 충분한 힘이 생기기 때문입니다. 역사적으로 오랜 세월 동안 부모들이 독재자의 역할을 해왔기 때문에 부모로부터 심리적으로 독립하려는 십대 자녀들의 거친 반항은 마치 정상적인 것처럼 받아들여져 왔습니다. 그러나 이

것은 잘못된 것입니다. 독립적인 인간이 되기 위해서 십대가 반드시 반항해야 할 필요는 없습니다.

 전제형 부모를 그림으로 표현하면 '닫혀진 원' 으로 묘사할 수 있습니다. 자녀에게 자유는 주지 않고 "~하지 마"라고 제약만 주는 지도법을 나타냅니다.

전제형의 부모는 자녀를 올바르게 키우려면 버릇없는 행동을 못하게 강하게 훈육해야 한다는 신념으로 양육을 합니다. 그래서 자녀의 나이에 당연한 어린아이다운 행동마저도 강하게 통제하려고 합니다. 전제형 부모는 정서적으로 강인하며 자녀의 일에 관여하여 확고한 입장을 고수하려는 의지를 가지고 있습니다. 그런데 문제는 전제형 부모의 태도가 너무 지나치다는 점입니다.

전제형 부모의 말

- "내가 부모니까 너는 내가 말한 대로 하면 돼!"
- "네가 나와 같이 사는 한, 너는 내가 정한 규칙에 따라야 돼"
- "장차 네가 부모가 되면, 그때 가서는 네 맘대로 결정할 수 있어"

전제형 부모의 행동

- 자녀가 입을 옷을 일일이 일러 준다.
- 자주 화를 내고 고함을 친다.
- 당신 입장만 내세우며, 간접적인 방법으로 자녀를 처벌한다.

② **자유방임형 부모** : "나는 심부름꾼이다."

자유방임형 부모는 전제형 부모와 같은 거칠고 완고한 독재적인 방식에 강력하게 반대하는 사람들입니다. 그래서 자유방임형 부모는 자녀가 마음 내키는 대로 하고 싶은 일을 하도록 너무 많은 것을 허용합니다. 자유방임형 부모의 가정에서는 질서와 규율을 찾아보기가 어렵습니다. 그리고 자녀에게는 무제한의 자유가 허용됩니다. 자유방임형 부모는 자녀의 심부름꾼처럼 행동하면서 자녀가 마음대로 하도록 내버려 둡니다.

자유방임형 부모들 중에는 자녀를 엄격하게 지도하고 싶어도 어떻게 훈육해야 하는지를 모르기 때문에 못하는 경우도 있습니다. 자유방임형 부모 밑에서 자란 아이들의 주요한 심리적 취약함은 안정감을 느끼지 못하는 것입니다. 그리고 자신의 가정에 대한 소속감도 거의 느끼지 못합니다. 무엇보다 자유방임형 부모의 아이들은 부모와 협력하는 법을 배우지 못했기 때문에 다른 사람들과 함께 생활하고 일하는 데 어려움을 느낍니다.

자녀에게 너무 많은 것을 허용하는 부모 밑에서 자란 아이들은 제멋대로이며 자기 마음대로 행동하는 것에 익숙해져 있습니다. 만약에 이런 아이들에게 다른 사람들이 지켜야 할 규칙을 알려주고 행동을 제한하려고 하면 심하게 반항을 합니다. 구속이나 제약이 없는 생활방식에 익숙해진 아이들이 자발적으로 규칙에 복종하도록 하는 것은 결코 쉬운 일이 아닙니다.

자유방임형 부모를 그림으로 표현하면 자유분방하고 거침이 없는 '지그재그 선'으로 묘사할 수 있습니다. 자녀에게 제약은 주지 않고 자유만 주는 지도법을 나타냅니다.

　자유방임형의 부모는 자녀와 힘을 공유하고 자녀에게 선택의 자유를 허용하려고 합니다. 그러나 문제는 너무 지나치다는 점입니다.

자유방임형 부모의 말

- "나는 그것이 좋은 생각이라고 여기지는 않지만, 음… 네가 정말 원한다면 그렇게 하렴"
- "네가 정말 그 돈이 필요하단 말이지? 음, 그렇다면 그 돈을 줄게"
- "나는 네가 제발 그런 곳에 가지 않았으면 좋겠다"

자유방임형 부모의 행동

- 자녀가 잠자고 싶다고 하면 언제든지 잠을 자라고 한다.
- 일상적으로 자녀의 숙제를 대신해 주고, 학교에서 일어난 일을 중재해 주려고 자주 학교를 방문한다.
- 자녀가 화를 내거나 슬퍼할 것이 두려워서 자녀가 부당한 요구를 하더라도 거의 다 들어준다.

③ 민주적 리더형 부모 = 적극적인 부모(Active Parenting) : "나는 민주적이지만 권위가 있다."

　민주적 리더형 부모 즉, 적극적인 부모는 양극단인 전제형 부모와 자유방임형 부모의 중간이라고 할 수 있지만 훨씬 더 많은 의미를 함축하고 있습니다. 적극적인 부모의 가정에서는 자유를 이상으로 추구합니다. 그러나 반드시 다른 사람의 권리를 존중하고 모든 사람의 책임을 강조합니다. 부모는 자녀의 협동심을 키워주면서 자녀의 능력을 개발하는 학습을 자극하는 지도자입니다. 이러한 가정에는 질서와 규칙이 있으며 가족구성원 모두가 중요한 사람입니다.

적극적인 부모는 우리 사회의 민주주의 유산과 모든 사람들 사이에 존재하는 사회적인 평등의 이념을 인정합니다. 그것은 다음과 같이 두 가지의 중요한 방식으로 나타납니다.

가) 부모가 자녀를 훈육할 때 자녀의 인간적 존엄성을 인정해 줍니다.
나) 자녀가 자신의 생각과 감정을 부모에게 공손하게 표현할 수 있는 권리를 허용합니다.

부모는 자녀의 생활과 관련한 중요한 결정을 내릴 때에는 자녀가 대화를 통해서 자신의 영향력을 행사할 수 있는 권리를 허용해야 합니다. 이것은 민주주의 사회가 추구하는 가치와 일치하는 정신입니다. 부모는 민주주의에 대한 이해를 분명히 해야합니다. 민주주의는 누구나 원하는 것을 언제나 얻을 수 있다는 것을 의미하는 것이 아닙니다. 그러나 민주주의는 누구나 원할 때에는 언제나 말할 수 있다는 것을 의미합니다.

민주적 리더형 부모를 그림으로 표현하면 원이라는 한계 안에 있는 지그재그 선으로 표현합니다. 일정한 한계 안에서 자유를 주는 지도방법이라고 볼 수 있습니다.

부모는 자녀가 성장하고 점점 더 많은 책임을 수행해 감에 따라서 자녀에게 부과한 한계를 점점 넓게 늦추어 주어야 합니다. 그리하여 자녀가 성장하여 성인이 되어 마침내 부모 곁을 떠나갈 시점이 되면 자녀는 성인이 향유하는 독립의 특전을 부모와 똑같이 누리게 됩니다. 그렇기 때문에 부모는 자녀가 성장함에 따라서 한계를 넓혀주어 자녀의 자유가 더 많아지게 해야합니다. 이것을 '확장되어가는 한계 안에서의 자유'라고 합니다. 그리고 다음과 같은 그림으로 표현할 수 있습니다.

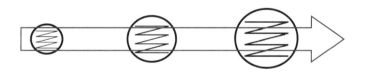

민주적 리더형 부모 = 적극적인 부모(Active Parenting)의 말

- "네가 실망하겠지만, 너는 지금 외출할 수 없다. 왜냐하면…"
- "그래, 우리 함께 그것에 대해서 이야기해 보자. 너의 생각은 무엇인지 말해보렴"
- "네가 그 문제를 처리할 수 있다는 것을 난 알고 있단다. 그러나 혹시 도움이 필요하면 곧바로 나에게 알려 주려무나"

- 집 안의 여러 가지 허드렛일을 나누어 하도록 결정할 때 자녀를 참여시킨다.
- 자녀가 숙제를 자기 힘으로 하도록 전적인 책임을 부과하며, 정말 도움이 필요한 경우에만 약간씩 지도해 준다.
- 자녀와 학과목에 대하여 정규적으로 논의하고 학교활동에 참여함으로써 자녀의 교육에 적극적인 관심을 보인다.
- 자녀가 지켜야 할 규칙을 말해 주고, 합의된 규칙을 위반했을 때 수반되는 결과에 대하여 함께 이야기함으로써 훈육의 과정에 자녀를 참여시킨다.
- 당신이 좋아하는 면을 알려 주고 자녀를 자주 격려한다.
- 차분하면서 판단하지 않는 방식으로 약물, 성, 폭력과 같은 문제에 대하여 자녀와 대화를 나눈다.

4. 부모 유형에 따른 자녀 학습코칭 태도

① 전제형 부모의 자녀 학습코칭 태도

전제형 부모가 자녀를 학습코칭할 때 보이는 가장 큰 특징은 철저한 관리와 통제입니다. 전제형 부모는 자녀의 공부를 마치 자신이 성과를 내야 하는 과업으로 생각하는 것 같습니다. 그러다 보니 자녀와 맺는 친밀한 관계보다는 자녀가 월등한 학습 성과를 내는 것이 매우 중요합니다. 전제형 부모는 자녀의 공부 과정보다는 자녀의 성적에만 집착하는 것처럼 보입니다. 그래서 자녀가 시험 성적을 100점 받아오더라도 칭찬을 잘하지 않습니다. 오히려 냉정하게 보일 정도로 "더 열심히 하자"라고 말하면서 자녀가 다음 시험을 준비하도록 합니다. 그런데 만약에 자녀의 성적이 만족스럽지 않으면 "네가 노력을 안 해서 그래", "문제를 대충 푸니까 이렇지", "최선을 다하란 말이야" 와 같은 말로 자녀를 비난하고 상처를 줍니다. 이러한 말들은 분명히 자녀의 학습 의욕을 꺾고 기를 죽이는 말들입니다.

전제형 부모는 항상 더 높은 성적을 내는 학생들과 자녀의 성적을 비교하면서 공부하도록 합니다. 때로는 어느 학교에 다니는지 알지도 못하는 아이들의 성적과도 비교를 합니다. 전제형 부모의 자녀는 아무리 열심히 공부를 해도 부모를 만족시킬 수 없는 것처럼 보입니다. 전제형 부모는 자녀가 반에서 1등을 하면 전교 1등과 비교하고, 전교에서 1등을 하면 전국 1등과 비교하면서 자녀를 더 압박합니다. 전제형 부모의 자녀 학습코칭은 이미 잘 달리고 있는 말을 더 빨리 달리게 하려고 더 세게 채찍질을 하는 것처럼 보입니다. 전제형 부모는 자녀의 학습 성과를 중요하게 보기 때문에 자녀의 마음이 어떤지 잘 헤아리지 못하는 것 같습니다.

─ 전제형 부모의 자녀가 보이는 학습 태도

전제형 부모의 자녀는 부모를 항상 무서워합니다. 그래서 공부를 하는 것도 부모에게 혼나는 것이 무서워서 하는 것입니다. 전제형 부모의 자녀가 공부를 하는 첫 번째 동기가 두려움입니다. 그러다 보니 전제형 부모의 자녀는 부모와 정서적으로 친밀한 관계를 형성할 수 있는 경험이 매우 부족합니다. 그래서 부모가 주는 친밀함과 사랑을 항상 목말라합니다. 그렇기 때문에 전제형 부모의 자녀가 공부를 하는 두 번째 동기는 부모에게 잘 받지 못하는 칭찬과 인정을 받기 위한 것입니다. 그런데 안타까운 사실이 있습니다. 전제형 부모의 자녀는 어느 순간부터 공부를 더 잘하려고 노력하지 않는다는 것입니다. 왜냐하면 학습 동기가 부모에 대한 두려움과 부모로부터 칭찬과 인정을 받는 것이었기 때문입니다. 그러다보니 자녀가 성장하면서 부모에 대한 두려움은 점차 사라지고 자신이 아무리 노력해도 부모로부터 칭찬과 인정을 충분히 받지 못한다는 것을 깨닫기 때문입니다. 전제형 부모의 자녀가 성장하더라도 여전히 부모가 무서워서 공부하는 모습을 보일 수는 있지만 부모가 만족할 만큼의 학습 성과를 내지는 못합니다. 오히려 부모가 충격을 받을 정도로 학교 성적이 많이 떨어지는 경우도 있습니다.

자녀가 어릴 때는 전제형 부모의 학습코칭이 효과가 있어 보입니다. 초등 저학년과 같은 어린 자녀는 부모가 시키는 대로 공부를 하기 때문에 성적이 잘 나올 수도 있습니다. 그런데 어린 자녀에게 효과적이던 전제형 부모의 학습코칭은 자녀가 성장할수록 그 효과가 사그라듭니다. 자녀의 학습에서 중요한 사실은 자녀가 부모가 두렵거나 부모에게 칭찬과 인정을 받으려는 학습 동기로 공부를 하면 학습 성과를 내는데 분명한 한계가 있다는 것입니다. 아이들은 성장을 하면서 독립적이고 주체적인 내면의 힘이 커지기 때문에 전제형 부모의 학습코칭 방식에 반드시 저항을 하게 됩니다.

상담실에서 만난 아이들 중에는 계획적으로 시험에서 높은 점수를 안 받는 경우도 있습니다. 그 이유를 물어보면 이번 시험에서 높은 점수를 받았다가 다음 시험에서 점수가 떨어지면 부모에게 혼나는 것이 너무 싫기 때문이라는 것입니다.

대부분의 부모들은 자녀가 자기주도적으로 학습하기를 원합니다. 그런데 전제형 부모의 학습코칭 방식은 자녀의 자기주도 학습 태도를 형성시키지 못합니다. 부모가 자녀의 학습을 코칭하는 목적이 자녀가 공부를 잘 해서 상위권 대학에 진학하고 직업적으로 성공하는 것이라면 반드시 자녀가 자기주도학습을 하도록 코칭해야 합니다.

② 자유방임형 부모의 자녀 학습코칭 태도

자유방임형 부모는 자녀에게 모든 것을 허용하는 것처럼 보입니다. 상담실에서 만난 자유방임형 부모들의 이야기를 들어보면 자신의 부모와 다르게 자녀를 키우고 싶다고 말합니다. 자유방임형 부모들은 자신들의 부모가 가부장적이고 권위주의적이고 통제적이었다고 말합니다. 심지어 부모가 폭력적인 경우도 있어서 육체적으로 맞고 자란 경험을 이야기하기도 합니다. 그래서 자유방임형 부모는 자녀 양육에 있어서 결코 닮고 싶지 않은 자신의 부모와 정반대의 모습으로 자녀를 양육하려고 합니다. 마치 자녀에게 "네 맘대로 하고 싶은 대로 해라" 식의 완전한 자유를 주려고 작정한 듯이 보입니다. 자유방임형 부모가 어렸을 때 충분히 누리지 못했던 자유를 자녀가 맘껏 누리도록 합니다. 그래서 부모가 누리지 못했던 자유를 자녀에게 과도하게 줌으로써 자기 자신에게 심리적으로 보상을 하는 것처럼 보이기도 합니다. 이러한 이유로 자유방임형 부모는 자녀가 원하는 것은 뭐든지 다 들어주려고 노력합니다.

그러다 보니 자유방임형 부모는 자녀의 학습을 코칭할 때도 자녀에게 일관성 있게 알려주는 한계와 규칙이 없습니다. 심지어 심리적으로 미성숙해서 나타나는 충동적이고 변덕스러운 어린 자녀의 기분마저 맞추어주려고 노력합니다. 그리고 어떤 자유방임형 부모는 자녀의 학습에 대해서 "나 몰라라" 하면서 방임하고 방치하는 태도를 보이기도 합니다. 마치 "공부는 네가 알아서 하는 거야"라고 하면서 자녀의 공부에 대한 부모로서의 책임을 회피하고 귀찮아 하는 듯한 모습을 보이기도 합니다.

자유방임형 부모는 자녀에게 "어떤 것은 할 수 있고 어떤 것은 할 수 없다"라는 행동의 한계를 분명하고 일관성 있게 알려주지 못합니다. 그러다보니 자녀는 자신이 행동할 수 있는 선택의 범위가 너무 넓다보니까 심리적으로 안정되지 못하고 불안정한 모습을 보입니다. 아이들이 자신이 선택할 수 있는 것이 너무 많으면 좋을 것 같지만 오히려 심리적으로 더 불안해집니다. 아이뿐만 아니라 성인도 자신이 선택할 수 있는 것이 너무 많으면 혼란스러워하고 스트레스를 많이 받습니다. 왜냐하면 현대 민주주의 사회는 자신이 선택한 것에 대한 책임을 반드시 져야 하기 때문입니다. 자신이 선택할 수 있는 것이 많을수록 결과가 가장 좋은 최선의 선택이 무엇인지 확신할 수 없기 때문에 불안해지는 것입니다. 이러한 이유 때문에 자녀가 어릴수록 자녀에게 선택할 수 있는 경우의 수를 한정해서 제시해야 합니다. 그런데 자유방임형 부모는 자녀에게 많은 자유를 주려고 하다보니 자녀가 선택할 수 있는 경우의 수를 너무 많이 제시합니다. 그래서 자유방임형 부모의 자녀는 부모의 의도와 다르게 무한한 자유 때문에 고통을 받는 것입니다.

─ 자유방임형 부모의 자녀가 보이는 학습 태도

자유방임형 부모의 자녀는 자신이 마음 내키는 대로 행동하려고 하는 충동적인 태도를 보입니다. 자유방임형 부모의 자녀는 숙제나 공부를 "알아서 할 게"라고 하지만 결과적으로 보면 알아서 잘 안 합니다. 자녀가 숙제나 공부를 "꼭 할 거야"라고 말하고 책상에 앉더라도 자녀의 마음이 변덕을 부리다 보니 앉아서 딴 생각을 하거나 딴 짓을 하다가 할 일을 못하는 경우가 많습니다. 자유방임형 부모의 자녀는 어릴 때부터 "네가 마음대로 해"라고 항상 허용하는 부모가 있었기 때문에 공부도 마음대로 하는 태도를 보입니다. 그래서 안정적이지 못하고 시시각각 변하는 자신의 마음이 이끄는 대로 공부를 했다가 안 했다가 합니다.

학습에서 성과를 내기 위해서는 규칙적으로 반복하는 학습 태도가 중요합니다. 그런데 자유방임형 부모의 자녀는 그러한 학습 태도를 형성하지 못합니다. 공부를 마음 내키는 대로 해서는 절대 성과를 낼 수 없습니다. 그렇기 때문에 부모는 자녀가 규칙적으로 정해진 시간에 공부할 수 있도록 학습 태도를 바로 잡아줘야 합니다. 그렇게 하기 위해서는 자녀의 행동을 자녀와 합의한 규칙으로 한계를 정해주어 제한하고 학습을 계획적으로 하도록 관리하는 것이 필요합니다.

③ 민주적 리더형 부모 = 적극적인 부모(Active Parenting)의 자녀 학습코칭 태도

민주적 리더형 부모는 자녀가 스스로 할 수 있는 것은 자녀가 선택하고 책임질 수 있도록 격려하고 자녀가 필요로 하는 것만 도와줍니다. 자녀가 어릴 때는 무엇을 공부하고 어떻게 공부할 것인지 부모가 대신 선택하고 관리하는 것이 필요합니다. 그러나 자녀가 성장할수록 자녀의 학습에 있어서 자녀가 선택하고 책임지도록 부모가 더 많은 기회를 제공해야 합니다.

민주적 리더형 부모는 자녀의 학습에 대한 선택과 책임을 부모가 다 가지지도 않고 자녀에게 다 주지도 않습니다. 자녀가 학년이 올라갈수록 공부는 자녀가 할 일이고 학습 결과도 자녀의 문제입니다. 그렇다고 "네가 알아서 해" 라고 자유방임형 부모가 되어서는 안 됩니다. 특히, 자녀가 초등학교 시기에는 부모의 도움이 절대적으로 필요합니다. 이 시기에 부모는 자녀의 공부를 적극적으로 도와주면서 자녀가 성실하고 바람직한 학습 태도를 형성할 수 있도록 지도해야 합니다.

민주적 리더형 부모는 자녀가 성장하여 성인이 되어 독립하고 사회에 적응해야 한다는 자녀 양육의 큰 원칙을 분명하게 이해하고 있습니다. 그래서 자녀의 발달 과정에 맞춰 자유의 한계를 넓혀가면서 자녀가 스스로 선택하고 책임지도록 더 많은 기회를 줍니다. 마찬가지로 자녀의 학습을 코칭하고 자녀가 자기주도학습 태도를 형성할 수 있도록 지도합니다.

- **민주적 리더형 부모 = 적극적인 부모(Active Parenting)의 자녀가 보이는 학습 태도**

상담실에서 만난 대부분의 부모들은 자녀가 자기주도학습을 하기 원합니다. 자녀가 자기주도학습을 하기 위해서는 우선 자녀가 '선택하고 책임'지는 태도가 형성되어 있어야 합니다. 공부는 자녀가 스스로 계획해서 하는 것이고 자신의 미래를 준비하는 일이라는 것을 자녀가 성장하면서 신념으로 받아들여야 합니다. 자녀가 학년이 올라갈수록 자신의 필요에 따라 해야 할 공부를 자유롭게 선택하고 책임을 진다면 자기주도학습을 하는 것입니다.

민주적 리더형 부모의 자녀를 대하는 태도 덕분에 자녀는 자기주도학습 태도를 형성할 가능성이 높습니다. 민주적 리더형 부모는 자녀의 발달 과정에 따라서 자녀의 행동을 제한하는 한계 범위를 넓혀가면서 자유를 충분히 허락했기 때문입니다. 민주적 리더형 부모의 자녀는 부모가 설정한 분명한 한계의 울타리가 있기 때문에 안전한 울타리 안에서 자유를 만끽하는 심리적인 안정감과 만족감을 경험합니다. 자녀가 심리적으로 안정적이라는 것은 학습에 집중할 수 있는 상태라는 것입니다. 보통 아이들이 학습 성과를 내는 데 있어서 가장 큰 방해물은 불안정한 정서 상태입니다. 그렇기 때문에 자녀의 심리적인 안정감은 자녀가 학습 성과를 내기 위한 필수조건입니다. 그리고 자녀가 성장할수록 부모가 정한 한계가 점점 더 확대되어 가기 때문에 자녀는 큰 답답함 없이 자유를 맘껏 누릴 수 있어서 만족감도 높습니다. 그래서 민주적 리더형 부모의 자녀는 진로와 진학을 위한 학습에 몰입해야 하는 중학교 시기에 중 2병과 같은 반항적인 태도를 심하게 나타내지 않고 안정적으로 자신의 미래를 준비합니다.

제4장
적극적인
부모(Active Parenting)의
자녀 학습코칭

---

1. 자녀와 친밀한 관계가 우선이다.
2. 자녀 학습코칭의 기본은 '적극적인 의사소통'이다.
3. 자녀 학습코칭의 핵심 노하우

1. 자녀와 친밀한 관계가 우선이다.

상담실에서 부모와 자녀를 만날 때는 가장 먼저 부모와 자녀 관계가 어떤지 세심하게 살펴봅니다. 심리상담을 할 때 부모와 자녀의 관계는 자녀의 심리적인 문제뿐만 아니라 자녀의 학습 문제에도 큰 영향을 미치기 때문입니다. 상담실에서 확인 가능한 부모와 자녀의 상호관계 태도나 대화에는 부모와 자녀 관계가 어떤지 보여주는 단서들이 있습니다. 이미 앞에서도 말했듯이 자녀의 학습문제는 부모에게 자신의 심리적인 어려움을 알려주는 신호와 같습니다. 대부분의 부모들은 다른 문제들보다 자녀의 학습문제가 나타나면 지속적으로 자녀에게 관심을 가지고 개입합니다. 자녀의 학습문제는 학교부적응이나 또래관계

등의 문제를 동반하는 경우가 많기 때문입니다. 그래서 부모들은 자녀의 학습문제가 심해지고 감당하기 어려울 때 상담적 도움을 찾는 경우가 많습니다.

상담을 할 때 부모와 자녀 관계가 친밀하면 자녀가 현재의 어려움을 극복할 수 있는 중요한 심리적 자원은 있다고 가정합니다. 실제로 부모와 관계가 친밀한 아이일수록 심리적 어려움이나 학습문제로 상담을 하더라도 상담 효과가 빠르고 좋게 나타납니다.

✓ 애착에 대한 오해

부모 상담이나 부모 교육을 할 때는 심리상담 이론 중에서 존 볼비의 애착 이론에 대한 이야기를 많이 합니다. 부모들이 자녀 양육을 하면서 애착이라는 용어를 많이 들어서 알고 있기 때문에 부모들에게 친숙한 용어이기도 합니다. (애착을 살펴볼 때는 주양육자와의 관계를 많이 봅니다. 애착 이론에서는 아이를 주로 양육하는 사람을 '주양육자'라고 합니다. 주양육자는 어머니 이외의 사람도 가능합니다. 그런데 한국 문화에서는 주양육자가 주로 어머니였기 때문에 어머니를 예로 많이 듭니다.) 그런데 상담실에서 만난 부모들이 애착이라는 용어를 이미 알고 있고 친숙하지만, 실제 삶에서는 적용을 잘하지 못하고 있다는 것을 알게 됩니다. 그 이유 중 하나는 애착에 대한 잘못된 정보에서 비롯되는 것 같습니다. 상담실에서 자주 접하는 애착에 대한 오해가 크게 두 가지가 있습니다. 애착에 대해 오해하는 두 가지 이야기는 둘 다 옳은 말이기도 하지만 틀린 말이기도 합니다.

가) 애착은 자녀와 함께하는 시간의 양이 많을수록 좋다.
나) 애착은 자녀와 함께하는 시간의 양보다는 질이 더 중요하다.

✓ 애착은 양이 중요하지 않다.

우선 애착에서 자녀와 함께 보내는 시간의 양을 이야기할 때는 반드시 주양육자(주로 어머니)의 심리적 상태와 아이를 대하는 태도를 중요하게 살펴봐야합니다.

만약에 주양육자가 심한 우울감 등으로 마음이 힘든 상태라면 차라리 아이와 함께 하는 시간을 줄이는 것이 좋습니다. 주양육자가 마음이 고통스럽게 양육을 하는 것보다 집 밖으로 나가서 자신이 행복할 수 있는 일을 하는 것이 더 좋을 수 있습니다. 정서적으로 어려움이 있는 주양육자가 아이와 함께 보내는 시간이 많을수록 오히려 애착이 안정적으로 건강하게 형성하는 것을 방해하기 때문입니다.

상담실에서 만난 부모들 특히, 어머니들은 자녀를 대하는 태도 때문에 '나는 나쁜 엄마야'라는 죄책감으로 힘들어 하는 경우가 많습니다. 그런데 엄마로서의 죄책감이 자녀에게 더 좋은 엄마가 되도록 노력하게 만드는 강한 동기가 되기도 합니다.

그 덕분에 어머니들이 더 좋은 엄마가 되고 싶어서 자녀 양육에 대한 공부를 하고 자녀 양육에 적용하려고 노력합니다. 반면에 주양육자가 아닌 아버지들은 자녀 양육을 할 때 주양육자인 어머니들처럼 죄책감을 많이 느끼지는 않는 것 같습니다. 아무래도 자녀에 대한 정서적 친밀감은 아버지보다는 주양육자인 어머니가 더 많이 느끼고 그러다 보니까 어머니가 죄책감도 더 많이 느끼는 것 같습니다. 그래서 아이의 애착을 살펴볼 때는 주양육자인 어머니와의 애착 관계를 더 중요하게 많이 살펴봅니다. 물론 주양육자가 어머니가 아니라 아버지나 조부모인 경우에는 그들과의 애착 관계를 중요하게 살펴보고 다룹니다.

✓ 애착의 질은 적절한 양이 우선이다.

애착은 아이와 함께 하는 시간의 양보다는 질이 더 중요하다는 이야기가 있습니다. 이 이야기는 직장 때문에 자녀와 함께 할 수 있는 시간이 매우 적은 직장맘들에게 큰 위안이 되기도 합니다. 그런데 아이의 애착에 대해 시간의 양보다 질을 이야기할 때는 먼저 주양육자가 아이와 안정적인 애착 관계가 어느 정도 형성되었는지가 중요합니다.

대부분의 심리상담학 이론들은 아이와 건강한 애착을 형성하기 위해서는 아이가 태어나 후 2~3년 동안이 중요한 시기라고 합니다. 이 시기에 유아는 생존을 위해서 주양육자인 부모에게 전적으로 의존할 수밖에 없습니다. 이 시기에 아기는 생존과 관련한 주양육자의 손길을 가장 많이 필요로 하기 때문에 함께 하는 시간의 질도 중요하지만 아무래도 시간의 양이 더 중요할 수밖에 없습니다. 이러한 이유 때문에 영유아기 자녀와 충분한 시간을 함께 할 수 없었던 직장맘들이 죄책감을 과도하게 느끼기도 합니다. 왜냐하면 아이가 생후 2~3년 동안에 주양육자와 안정적인 애착을 형성하지 못하면 애착 유형(안정 애착과 불안정 애착 등)은 평생 바뀌지 않는다고 믿기 때문입니다.

애착 이론 초기에는 유아의 애착 유형이 성인의 애착 유형을 그대로 예측한다고 했습니다. 즉, 아기 때 한번 형성된 애착 유형은 평생 변하지 않는다는 결정론적인 것이었습니다. 그래서 애착에 대해서 여기까지만 아는 부모들은 마치 이 시기에 자녀가 안정적이거나 불안정적인 애착 유형을 형성하면 자녀의 평생 동안 변하지 않는 성격으로 알고 있는 경우가 많이 있습니다. 그러나 분명한 사실은 인간의 성장과 발달이 그렇게 결정론적으로 단순하지 않다는 것입니다. 최근의 애착 연구 결과들은 아이가 성장하면서 애착 유형이 변할 수 있다는 것을 분명하게 보여주고 있습니다. 아이가 불안정한 애착이더라도 성장하면서 안정된 애착으로 변할 수 있습니다. 반대로 아이가 안정적인 애착이더라도 성장하면서 불안정 애착이 될 수도 있습니다. 왜냐하면 아이가 성장하면서 대인관계와 환경의 영향을 받기 때문입니다. 그리고 무엇보다 아이가 성인이 될 때까지 부모와의 관계가 지속적으로 가장 큰 영향을 미치기 때문입니다. 그래서 비록 자녀가 영유아기였을 때 주양육자의 여러 상황으로 인해서 안정 애착을 형성하지 못했더라도 부모의 역할 변화에 따라서 자녀의 애착 유형은 변하고 성장 가능성이 충분히 있습니다. 애착에서 중요한 것은 부모의 역할이기 때문에 부모의 역할이 바람직할수록 자녀의 애착 유형이 안정적이 될 수 있습니다. 바람직한 부모 역할이 누구에게나 결코 쉽지 않은 일이지만 자녀의 안정 애착으로 얻는 인생의 풍성함을 헤아려 보면 충분히 가치 있고 도전할만한 일입니다.

✓ 애착의 핵심은 부모가 '안전기지'가 되어주는 것이다.

애착 이론에서 강조하는 것은 주양육자인 부모는 자녀의 '안전기지'이자 '안식처'가 되어야 한다는 것입니다. 부모가 자녀의 심리적인 안전기지(안식처)인지 아닌지는 자녀가 정서적으로 어떻게 경험하는 지에 따라 다르기 때문에 자녀 입장에서 확인할 수 있습니다. 상담실에서 만난 아이들에게 부모와의 관계가 어떤지 직접 물어봅니다. 많은 아이들이 "좋은 부모님이에요. 저에게 잘 해줘요"라고 대답합니다. 그러면 한 번 더 "부모님과 행복했던 시간에 대해 이야기해 줄래?" 라고 물어봅니다. 이러한 질문들을 통해서 아이들이 정서적으로 느끼고 경험한 부모와의 관계가 얼마나 친밀한지를 알 수 있습니다.

자녀는 부모와 정서적으로 친밀하다는 확신이 있어야 자신이 힘들고 고통스러울 때 안전기지(안식처)인 부모에게 다가가서 의지할 수 있습니다. 그런데 안타깝게도 심리적인 어려움을 겪는 아이들의 이야기를 들어보면 부모가 잘 해준다고 이야기를 하지만 정서적으로 친밀하게 느껴지지는 않는다고 말하는 경우가 많습니다.

자녀에게 부모라는 안전기지(안식처)는 마치 세상을 탐험하다가 힘들고 지치거나 고통스러운 일을 당할 때 되돌아가서 안심할 수 있는 심리적으로 재충전을 하는 곳입니다. 부모가 항상 자녀 곁에 있으면서 자녀를 보호해 줄 수가 없습니다. 특히, 눈에 보이지 않는 자녀의 마음이 상처받지 않도록 안전하게 지켜줄 수가 없습니다. 그렇기 때문에 자녀의 마음 속에 부모라는 심리적인 안전기지(안식처)가 확고하게 있다면 자녀는 삶의 어려움 속에서도 좌절하지 않고 극복해 나갈 수 있는 힘이 있습니다. 왜냐하면 자녀가 지치고 힘들 때는 언제나 되돌아가서 기댈 수 있는 안전기지(안식처)인 부모가 있다는 것을 신뢰하기 때문입니다. 이것이 자녀가 부모에게 바라는 안전기지(안식처)입니다.

자녀가 부모를 심리적인 안전기지(안식처)로 삼는 것은 자녀가 부모를 전적으로 신뢰할 수 있어야 가능한 것입니다. 자녀의 부모에 대한 신뢰감은 자라면서 경험적으로 쌓이는 것입니다. 부모가 자녀를 지속적으로 일관적인 안정적이고 바람직한 태도로 대할 때 자녀의 신뢰감이 형성됩니다. 그래서 자녀에게 신뢰감을 줄 수 있다면 부모 역할을 충분히 잘 하고 있는 것입니다.

2. 자녀 학습코칭의 기본은 '적극적인 의사소통'이다.

부모와 자녀의 관계가 좋으면 무엇보다 부모와 자녀 사이에 대화 즉, 의사소통이 서로 잘 되고 있는 것을 발견할 수 있습니다. 물론 부모와 자녀 사이에 대화가 잘 되니까 둘 사이의 관계가 더 좋아지는 것일 수도 있습니다. 분명한 사실은 부모와 자녀의 관계가 좋은지 나쁜지는 둘 사이에 오고 가는 대화를 통해서 알 수 있다는 것입니다. 그렇기 때문에 부모와 자녀의 관계의 질과 의사소통 방식은 상호연관성이 매우 높습니다.

부모와 자녀의 의사소통 방식은 자녀의 대인관계에 미치는 영향이 큽니다. 대인관계의 핵심은 의사소통인데 아이들의 의사소통 방식은 부모로부터 체득하기 때문입니다. 자녀는 인생여정 속에서 다양하고 많은 사람들을 만나게 됩니다. 그러다보면 자녀는 자신과 다른 생각을 하는 사람들을 만나고 함께 일하면서 갈등을 겪을 수밖에 없습니다. 그런데 자녀가 대인관계에서 갈등이 있을 때마다 갈등을 잘 해결하지 못해서 마음이 힘들고 고통스러우면 대인관계로부터 도망칠 수 있습니다. 그렇게 되면 자녀는 다양한 사람들과 함께 어울려야 하는 학교나 사회에 잘 적응하지 못하여 사람들과 떨어져서 고립될 수 있습니다. 그렇기 때문에 자녀가 인간관계를 잘하고 학교나 사회에 잘 적응하기 위해서는 효과적인 의사소통 방식을 사용하는 것이 중요합니다.

"말 한마디에 천 냥 빚도 갚는다"라는 속담이 있습니다. 이

속담처럼 자녀가 대인관계에서 효과적인 의사소통 방식으로 말할 수 있으면 갈등으로 비틀어졌던 관계도 다시 좋은 관계로 만들 수 있을 것입니다. 무엇보다 자녀가 인간관계에서 빈번하게 발생하는 갈등과 스트레스를 대처할 수 있는 힘이 커지면 자신이 해야 할 학습과 일에 더 집중할 수 있어서 더 높은 성과를 낼 수 있습니다.

반면에 "너하고 말하느니 개하고 말하겠다"라는 속담도 있습니다. 이 속담처럼 자녀의 의사소통 방식이 좋지 못하면 잘 지내던 친구들과도 한 순간에 원수처럼 될 수 있습니다. 그리고 팀 프로젝트 학습처럼 다른 아이들과 함께 작업할 때 협동심을 발휘하지 못하고 누구에게도 환영 받지 못하는 '트러블 메이커'가 될 수 있습니다. 아이들이 성장하는 데 있어서 친구관계는 매우 중요한 역할을 합니다. 특히, 학교 부적응을 하는 아이들의 경우 친구관계가 좋지 못한 경우가 많습니다. 그렇기 때문에 자녀가 친구관계를 잘 맺고 유지하는데 필요한 효과적인 의사소통 기술을 발달시켜줘야 합니다.

아이들의 발달에 매우 중요한 친구관계와 같은 이유로 자녀가 효과적인 의사소통 방식을 체득하여 활용하면 행복하고 성공적인 삶을 살아가는 데 큰 도움이 됩니다. 자녀가 효과적인 의사소통 방식을 체득하는 가장 좋은 방법은 가정에서 부모와 대화를 하면서 자연스럽게 습득하는 것입니다. 그렇기 때문에 무엇보다 부모가 자녀를 대하는 태도와 의사소통 방식이 중요합니다.

✓ 자녀와 대화할 때 두 가지는 꼭 기억하세요.

① 자녀의 '감정'을 알아주세요.

부모가 자녀에게 일방적으로 말하는 것은 '불통'입니다. 부모의 불통은 자녀에게 '고통'을 줍니다. 말은 '소통'을 위한 도구입니다. 그런데 누군가 대화 상대를 고려하지 않고 일방적으로 말한다면 상대방은 고통을 받을 수밖에 없습니다. 부모와 자녀 사이에서도 마찬가지입니다. 많은 부모들이 자녀에게 "너를 위해서 하는 말이야 그러니 잘 들어"라고 일방적으로 말하면서 자녀에게 고통을 줍니다. 부모가 자녀에게 말하는 목적이 아무리 자녀를 위해서라고 하더라도 소통이 되지 않으면 자녀는 고통스럽습니다.

부모가 자녀와 대화할 때 반드시 명심해야 할 것이 있습니다. 자녀와 대화할 때는 자녀의 이야기를 주의 깊게 들으면서 자녀의 태도도 세심하게 살펴봐야 합니다. 자녀는 말뿐만 아니라 태도를 통해서도 자신의 감정을 드러내기 때문입니다. 자녀와 대화할 때 자녀의 말과 태도에서 나오는 부정적인 감정이 부모를 자극할 수도 있습니다. 그 때 부모는 자녀의 감정이 부담되어 피하고 싶거나 짜증이나 화가 날 수도 있습니다. 그렇다고 할지라도 바람직한 부모의 태도는 자녀가 어떠한 감정을 표현하든지 우선 다 받아주어야 한다는 것입니다. 즉, 부모는 자녀의 감정을 충분히 알아주고 이해하고 수용해야 합니다. 그렇게 자녀의 마음이 안정이 된 다음에 자녀에게 훈육이 필요하면 훈육을 해야 합니다. 부모가 자녀의 이야기를 적극적으로 경청하고 마음을 공감한 후에 훈육을 해야 훈육의 효과를 볼 수 있습니다. 훈육은 자녀의 행동에 따라 상과 벌을 주는 것이 아닙니다. 자녀를 훈육하는 목적은 부모의 신념이나 가치관에서 벗어나는 자녀의 잘못된 행동이 긍정적으로 변화할 수 있도록 도와주는 것입니다.

② 자녀가 아니라 자녀의 '행동'을 혼내세요.

부모가 자녀를 훈육하기 위해서 자녀와 대화할 때 명심해야 할 것이 있습니다. 자녀의 '문제 행동'과 그 행동을 한 '자녀'가 다르다는 것을 구분하여 이야기해야한다는 것입니다. 부모가 이해해야 하는 것은 부모가 화가 나는 것은 자녀의 잘못된 행동 때문이지 자녀 때문에 화가 난 것이 아니라는 사실입니다. 즉, 자녀가 문제를 일으키는 행동이 나쁜 것이지 자녀가 나쁜 것이 아닙니다. 그런데 부모가 화가 나면 '자녀'와 '문제 행동'을 똑같이 보고 자녀가 자신의 존재에 대한 수치심을 느끼도록 자녀를 비난하는 실수를 범합니다. 부모가 비난하고 싶은 대상은 자녀가 아니라 자녀의 문제 행동이라는 것을 분명하게 해야 합니다. 부모가 자녀의 문제 행동을 혼내면 죄책감과 부끄러움을 느끼지만, 자녀를 혼내면 수치심을 느낍니다. 자녀가 수치심을 느끼면 자신이 세상에 필요없는 존재라고 생각하기 때문에 치명적입니다.

정답 없는 입시, 균형이 답이다 · 초등편 ·

   그렇다고 해서 부모가 자녀의 문제 행동을 무조건 비난해도 된다는 것은 아닙니다. 사람들은 자신의 눈에 거슬리는 누군가의 행동을 보면 평가하고 비난하는 말을 합니다. 보통 평가라는 것은 평가 받는 사람을 매우 불편하게 만듭니다. 물론 칭찬과 같은 긍정적인 평가도 있습니다. 그러나 대부분 사람들은 자신이 평가를 받는 상황에 처하면 잘 못해서 비난을 받는 것처럼 느끼고 위축된 모습을 보입니다. 또는 반대로 자신의 자존심을 지키기 위해서 상대방의 말을 되받아치듯이 공격적인 모습을 보이기도 합니다. 그렇기 때문에 부모의 평가를 통해서 비난을 받는다고 느끼는 아이들이 부모에게 호의적이고 고분고분한 태도를 보이는 것이 어렵습니다. 그래서 부모가 자녀의 문제 행동에 대해 '이야기'하는 것과 '평가'하는 것을 구분할 줄 알아야 합니다.

   아이들은 부정적으로 평가하는 말을 들으면 마음 속 '수치심'이 건드려져서 분노가 폭발하거나 매우 위축된 모습을 보입니다. 그래서 부모가 자녀와 대화할 때 자녀의 태도가 부모에게 대들듯이 공격적으로 보이거나 반대로 너무 위축되어 '찌질하게' 보일 수 있습니다. 그러한 자녀의 모습을 보면 부모가 화가 나기 때문에 원래 대화를 하려던 목적은 잊어버리고 자녀의 태도를 가지고 또 다시 평가하고 비난하는 말을 합니다. 이런 식으로 부모와 자녀의 대화가 반복되다 보면 서로에게 상처를 주면서 돌이키기 어려울 정도로 관계가 나빠지기도 합니다.

✓ 부모가 자녀와의 대화방식을 바꿀 수 있다.

부모와 자녀 사이의 대화방식을 바꿀 수 있는 힘은 부모에게 있습니다. 그렇기 때문에 부모가 먼저 자녀와의 부정적인 대화방식을 바꾸기 위해서 노력해야 합니다. 그러려면 부모가 화가 나거나 못마땅해 보이는 자녀의 부정적인 태도를 차분하게 바라볼 수 있는 마음의 여유와 힘이 있어야 합니다. 부모의 눈에는 문제처럼 보이는 자녀의 행동이 또래 아이들의 발달상 나타날 수 있는 자연스러운 행동일 수 있다고 이해할 수 있어야 합니다. 부모가 이와 같은 태도를 취하는 것을 자녀의 행동에 대해 '타당화'한다고 합니다. 부모가 자녀의 행동에 대한 타당화로 말할 때는 "그럴 수도 있지 괜찮아"라고 한마디면 됩니다. 부모에게 혼날까봐 두려웠던 자녀가 이 한마디를 들으면 마음이 어떨까요? 자녀는 안도감을 느끼면서 부모를 정서적으로 친밀하고 안전하게 느낄 것입니다.

부모가 자녀의 문제행동을 이해하고 수용한 후에는 자녀를 훈육하기 위해서 효과적인 대화기술이 필요합니다. 대화기술 중 [부모코칭 프로그램 적극적인 부모역할(Active Parenting Now)]에서 알려주는 '적극적인 의사소통'은 부모가 자녀의 협력을 얻어내는 데 매우 효과적입니다. 그리고 자녀가 자신의 문제를 해결하기 위해 노력하는 것을 적극적으로 지지하고 격려할 수 있는 대화기술입니다. 다음에 제시하는 적극적인 의사소통 5단계를 기억하면서 자녀와 대화할 때마다 반복적으로 사용하다 보면 습득이 가능합니다.

적극적인 의사소통 5단계

1. 적극적으로 경청한다.
2. 감정에 귀를 기울인다.
3. 감정과 이야기 내용을 연결시킨다.
4. 대안을 찾아보고 그 결과를 평가한다.
5. 추후지도를 한다.

---

① 1단계 : 적극적으로 경청한다.

부모가 자녀의 이야기를 적극적으로 듣는 태도는 부모가 의사소통의 과정에 적극적으로 참여하고 있다는 것을 자녀에게 알려주는 것입니다. 부모가 자녀의 이야기를 적극적으로 경청함으로써 자녀가 생각하고 느끼는 것을 잘 표현할 수 있도록 공감하고 격려해야 합니다. 그 방법은 다음과 같습니다.

가) 자녀의 말에 전적으로 주의를 집중하세요.

자녀는 부모의 관심을 받고 있다는 사실만 가지고도 기운을 차릴 수 있습니다. 그렇기 때문에 부모가 자녀의 이야기에 귀를 기울어 주의 집중하는 태도는 "나는 너에게 관심을 가지고 있다. 너는 소중하다. 나는 네 곁에서 너를 도와주고 싶단다." 라는 분명한 메시지를 자녀에게 전달합니다.

나) 부모의 말은 최소한으로 줄이세요.

부모가 하고 싶은 말이 많아서 입을 열어 말을 하면 귀로 경청을 할 수가 없습니다. 그러므로 부모는 자녀의 이야기를 먼저 적극적으로 경청하면서 부모가 말을 많이 하지 않도록 조심해야 합니다. 부모의 잔소리 같은 말을 듣고 자녀가 행동을 바꾸는 일은 거의 없기 때문입니다. 자녀가 바람직한 행동을 하게 하려면 부모가 말은 적게 하고 자녀가 배울 행동은 많게 하는 것이 진리입니다.

다) 부모가 잘 경청하고 있다는 사실을 확인시켜 주세요.

부모가 자녀와 대화할 때는 자녀의 이야기를 잘 이해하고 있고 진정으로 수용하고 있다는 것을 자녀가 느끼도록 해야 합니다. 그래서 부모가 자녀의 이야기를 들으면서 고개를 끄덕여주거나, '아, 그래.' 또는 '음-음' 과 같이 짧은 언어로 반응을 해주면 좋습니다. 부모가 자녀가 이야기한 내용을 분명하게 이해하기 위해서는 반드시 질문으로 확인해야 합니다. 그리고 자녀가 길게 이야기할 때는 자녀가 이야기한 내용을 부모가 요약해서 다시 말해 주면 좋습니다.

② 2단계 : 감정에 귀를 기울인다.

부모들이 자녀와 대화할 때 종종 실수하는 것이 있습니다. 자녀가 이야기하는 사실적인 내용만 듣는 경우입니다. 물론 자녀가 이야기한 내용의 진위를 정확하게 파악하는 것은 중요합니다. 그러나 무엇보다 중요한 것은 자녀가 경험한 사건과 관련하여 느끼는 감정과 마음을 읽어 주어야 합니다. 부모가 이렇게 하면, 자녀가 사건과 관련한 슬픔과 분노 같은 감정을 억누르기보다 자신의 감정을 인식하고 적절하게 표현하도록 도와줄 것입니다.

어떤 아이들은 너무 오랫동안 자신의 고통스런 감정을 억누르다가 어느 순간 격렬하게 표출하기도 합니다. 아이들이 자신의 감정을 표현하고 공감 받지 못해서 감정을 억압하는 경우에는 위통, 복통, 두통과 같은 심인성 질환이 생깁니다. 그리고 아이들이 학년이 올라갈수록 학습 스트레스가 많아지다 보면 스트레스에 취약해서 심인성 질환이 자주 생길 수 있습니다. 이것을 예방하려면 자녀가 자신의 감정을 구분하여 인식하고 표현하는 감정지능을 높여줘야 합니다. 자녀의 감정지능을 개발하려면 자신이 느끼는 감정을 감정 언어로 표현할 수 있도록 지도해야 합니다. 그리고 자녀가 기분에 따라 충동적으로 어떤 행동을 하기 전에 잠시 멈추어서 자기가 느끼는 감정에 대해서 생각해 보도록 가르쳐야 합니다. 자녀가 자신의 감정을 제대로 인식하면 자신에게 필요한 욕구에 따라서 합리적인 행동을 선택할 가능성이 높아지기 때문입니다.

부모들이 자녀가 느끼는 감정을 제대로 알기 위해서는 자녀가 말하는 소리의 높낮이, 강약, 속도 등을 잘 들으면서 얼굴 표정도 잘 살펴야 합니다. 그런 다음에 자녀가 느낄 것 같은 감정을 추측하여 적절한 감정 단어를 찾아서 다음과 같이 자녀에게 말해주는 것입니다.

"선우가 정말 화가 난 것 같구나", "지우가 슬펐겠다", "서우가 감동한 거 같네"

이런 식으로 자녀의 이야기를 듣고 자녀의 감정을 짐작하여 말하는 것을 '공감적 경청'이라고 합니다. '공감'이란 자녀의 입장에서 자녀가 경험했던 사건을 이해하고 그 때 자녀가 느낄만한 감정을 추측하여 느끼면서 자녀와 함께 하는 것입니다. 이렇게 하기 위해서는 부모의 공감 능력이 필요합니다. 부모의 공감 능력은 자녀가 느끼는 감정이 어떨지 추측하는 연습을 많이 할수록 발전합니다. 부모의 공감적 경청을 통해서 자녀는 부모가 자신을 진정한 마음으로 배려하고 도와주려고 하는지를 느낄 수 있습니다. 특히, 부정적인 감정에 휩싸여 고민하고 힘들어 하는 자녀와 대화할 때는 반드시 필요한 부모의 적극적인 태도입니다. 부모가 공감적 경청을 할 수록 자녀는 자신의 마음 속 이야기를 부모에게 더 많이 할 것입니다.

③ 3단계 : 감정과 이야기 내용을 연결시킨다.

부모가 자녀가 말하고자 하는 내용과 느끼는 감정을 알았다면, 다음 단계는 부모가 예상하는 자녀의 감정을 자녀에게 반영하는 것입니다. 부모는 자녀의 마음을 비추는 거울처럼 자녀가 드러내는 감정을 그대로 반영해주어야 합니다. 이것은 심리학자 하임 기노트(Haim Ginott)가 말한 '정서적인 거울 역할'입니다. 부모는 자녀의 감정을 반영하는 정서적인 거울 역할을 하는 것이 중요합니다. 자녀가 느끼는 감정을 반영한 후에 자녀의 감정을 자녀가 이야기한 사건의 '내용'과 연결시키는 것이 필요합니다. 그런데 자녀가 자신이 경험한 사건에 대해서는 이미 이야기했기 때문에 부모는 자녀가 느끼는 감정에만 반응해도 충분합니다. 그래서 부모가 자녀가 이야기했던 내용을 언급하지 않고 자녀가 느낀 감정만 반영해도 공감의 효력은 똑같이 나타납니다.

부모가 "~처럼 들리는데" 혹은 "내가 추측하건대…"와 같이 잠정적인 용어로 자녀의 감정을 반영하는 것도 때로는 효과적입니다. 이런 방식으로 부모가 자녀의 감정을 반영하면 자녀의 마음을 훤히 꿰뚫어 보고 다 아는 듯한 독심술사나 해결사처럼 보이지 않을 것입니다. 어떤 부모들은 자녀의 감정을 반영해주고 싶어도 자녀의 감정이 어떤지 잘 몰라서 틀리게 말할까봐 걱정이 된다고 말하기도 합니다. 자녀의 감정을 반영할 때 부모가 자녀에게 공감적 태도만 보인다면, 자녀의 감정에 대해서 틀리게 말해도 전혀 문제가 되지 않습니다. 부모가 자녀의 이야기에 공감적 태도를 취하면 자녀는 부모가 자신의 감정을 정확하게 알지 못하더라도 상처받지 않고 오히려 자신의 감정을 정확하게 이야기할 것입니다. 그렇기 때문에 부모는 자녀가 이야기하는 내용과 그에 따른 감정을 연결하여 자녀가 경험한 것을 확실하게 이해할 수가 있습니다. 이처럼 자녀가 부모의 말을 수정해 주면, 부모는 자녀가 수정한 말에 맞추어 줌으로써 대화는 자연스럽게 계속될 수 있습니다.

부모가 자녀의 감정을 정확하게 반영하면 정말 신기한 일이 일어납니다. 자녀는 부모가 반응하는 말에 고개를 끄덕거리거나 '예'라고 대답하면서 계속해서 이야기를 나누게 됩니다. 그러면서 자녀는 부모에게 제대로 이해받고 있고, 보살핌을 받고 있다고 느낍니다. 그리고 이러한 부모와의 대화를 통해서 자녀는 자기 자신이 경험한 것에 대해서 더 분명하게 이해하고 심리적으로 안정될 것입니다.

④ 4단계 : 대안을 찾아보고 그 결과를 평가한다.

부모는 자녀가 자신의 문제를 효율적으로 해결할 수 있도록 지도하고 돕는 것이 중요합니다. 사회가 매우 빠르게 변하고 경쟁이 치열할수록 자녀의 문제해결 능력은 매우 중요한 삶의 기술입니다. 자녀의 문제해결 능력은 자녀가 삶에서 맞닥뜨리는 여러가지 문제들 앞에서 좌절하지 않고 극복할 수 있도록 합니다. 그래서 문제해결 능력은 자녀가 현대 사회에서 자신의 삶을 성공적으로 살아가는데 있어서 중요한 기술이자 태도입니다.

보통 아이들은 문제를 만났을 때 합리적으로 생각하지 않고 자신의 머릿속에 가장 먼저 떠오르는 해결책부터 무작정 시도하려고 하는 미성숙함이 있습니다. 그러므로 부모의 역할은 자녀를 일단 진정시키고, 다양한 해결 방안들을 좀 더 찾아보고, 각각의 해결방안이 가져다 줄 결과를 미리 생각해보도록 도와주는 것입니다.

"선우 네가 말한 방법도 하나의 해결방법인데, 다른 대안이 뭐가 있을지 생각해 볼래?"

자녀가 몇 가지 대안을 생각했다면, 그 다음에는 각각의 대안대로 했을 때 나타날 수 있는 결과를 예측해보도록 해야 합니다.

"선우야, 만약에 네가 그렇게 하면 지우가 어떻게 할 거 같은지 생각해 볼래?"

부모는 자녀의 문제를 해결하기 위한 대안을 먼저 제시하지 말고, 자녀가 스스로 문제에 대한 다양한 해결방법을 생각하고 찾아보도록 하는 것이 중요합니다. 그렇게 할 때 자녀가 자신이 맞닥뜨린 문제를 대처하고 해결하는 기술을 개발할 수 있습니다. 만약에 자녀가 자신의 문제에 대한 해결방법을 쉽게 찾지 못할 수도 있습니다. 그렇더라도 부모는 자녀가 계속해서 대안을 생각하고 찾을 수 있도록 격려해야 합니다. 그러면 문제해결능력에 더하여 자녀의 인내심과 끈기도 발달할 수 있습니다. 그리고 자녀가 결국 문제해결방법을 찾지 못하고 부모에게 도와달라고 할 수 있습니다. 그러할 때는 부모가 제안한 방법으로 자녀가 문제해결을 시도했다가 효과가 없더라도 자녀의 비난을 피할 수 있습니다. 그리고 자녀가 자신이 선택한 행동의 결과에 대한 책임감을 키워줄 수 있습니다.

자녀가 스스로 문제해결방법을 찾지 못하고 도움을 요청하지 않더라도 부모가 어떤 대안을 가볍게 제시해 주는 것은 좋습니다. 다만, 부모가 자녀의 문제해결 결과에 대한 책임을 떠맡지 않도록 조심해야 합니다. 그리고 부모가 자녀에게 제안한 해결방법만을 따라야 한다고 자녀에게 강요하면 안 됩니다. 비록 부모가 제안한 방법이 경험적으로 최선의 해결방법이라 할지라도 선택은 자녀의 책임입니다.

⑤ 5단계 : 추후지도를 한다.

자녀가 자신의 문제를 대처하기 위해서 어떤 해결방법을 시도했다면, 부모는 자녀가 어떻게 처리했고 결과가 어땠는지 반드시 물어보고 확인해야 합니다. 이와 같은 과정을 추후 지도라고 하는 데 부모의 추후 지도는 자녀가 문제해결 경험을 학습할 수 있도록 도와줍니다. 게다가 부모가 자녀에게 간섭이 아니라 순수한 관심을 쏟고 있다는 것을 보여 줍니다.

　　"선우야 지난 주에 절친인 민수랑 싸워서 화났던 거 이야기
했잖아. 그 때 네가 민수와 화해하기 위해서 몇 가지 대안을 이
야기했는데, 어떻게 되었는지 궁금한데 이야기 해 줄 수 있니?"

▪ 적극적인 의사소통의 학습코칭 적용 예시 : 시험 준비

1 단계 적극적으로 경청한다.	선우 : 아 또 시험이야. 시험이 왜 이렇게 많아. 엄마 : (경청)
2 단계 감정에 귀를 기울인다.	선우 : 아 머리 아파. 엄마 : 시험이 많아서 너무 힘들지. 그래서 엄마가 선우를 도 　　　와주고 싶어서 그리는데 시험을 어떻게 준비하고 있 　　　는지 알려줄래. 선우 : 엄마! 2주 후에 시험이에요. 벌써 그런 이야기를 하고 　　　그러세요. 알아서 할게요. 지금 할 것도 많단 말이에요. 엄마 : 선우가 지금 할 것도 많아서 피곤하겠구나.
3 단계 감정과 이야기 내용을 연결시킨다.	엄마 : 선우가 지금 할 것도 많은데 엄마가 시험 준비하라고 　　　다그치는 것 같아서 짜증날 수도 있겠다. 선우 : 네 짜증나요. 엄마 : 그렇구나. 그런데 선우가 2주 후에 볼 시험이 아주 중 　　　요하다고 했잖아. 어떻게 하면 좋을까. 선우야 지금 이 　　　야기를 좀 할래? 아니면 네가 시간을 정하면 그 때 이야 　　　기 할까. 선우 : 이따 저녁 먹고 나서 이야기할게요. 엄마 : 알았어. 그럼 저녁 먹고 이야기 하자.
4 단계 대안을 찾아보고 그 결 과를 평가한다.	(저녁 식사 후에) 엄마 : 선우야 잠시 이야기 좀 할래? 네가 저녁 먹고 난 후에 　　　2주 후에 볼 시험을 어떻게 준비할 건지 이야기하기 　　　로 했잖아. 선우 : 알았어요. 엄마 : 이번에 수학 시험 점수 목표가 몇 점 정도이니? 지난 　　　번에 85점 받았잖아. 네가 너무 아쉬워했잖아. 더 좋 　　　은 성적을 낼 수 있었는데 공부를 많이 못해서 그런 　　　거 같았다고. 선우 : 이번에 90점 넘는 거예요. 시험 준비는 지금 풀고 있는 　　　문제집이 있는데 이 문제집만 다 풀면 될 거 같아요.

	엄마 : 그렇구나. 그런데 그렇게 하면 충분하게 준비해서 목표한 점수를 받을 수 있을 것 같은지 한 번 더 생각해 볼래?
	선우 : 음 좀 부족할 거 같긴 하네요. 선생님이 이번에 시험이 어렵게 나온다고 말씀하셨거든요.
	엄마 : 그럼 어떻게 하면 좋을까?
	선우 : 문제집 푸는 것도 중요한데…, 이번에 시험 볼 부분은 개념 이해를 완전히 해야 풀 수 있는 문제들이 많으니까 그 부분을 먼저 공부해야겠어요.
	엄마 : 그래 그거 좋은 방법인 거 같구나. 그럼 엄마가 시험 준비하는 것을 도와주고 싶은데 무엇을 도와주면 좋겠니?
	선우 : 저녁에 공부할 때 제가 먹고 싶은 것을 주시면 좋겠어요. 맛있는 것을 먹으면 기분이 좋아져서 공부가 잘 되거든요.
	엄마 : 알았어. 그럼 시험 보기 전까지는 네가 먹고 싶은 것으로 준비해 줄게.
5 단계 추후지도를 한다.	엄마 : 선우야 다음 주면 시험인데, 네가 계획한 대로 공부가 잘 되고 있는지 같이 확인 좀 할까.
	선우 : 네. 여기 계획표와 진행사항 표시한 거 있어요.

3. 자녀 학습코칭의 핵심 노하우

✓ 자녀 학습코칭의 목적 = 자기주도학습

부모들이 학습코칭에 대해서 오해를 하는 부분이 있습니다. 학습코칭을 오로지 공부를 잘하는 방법과 기술을 가르쳐주는 것으로만 생각하는 것입니다. 공부 방법과 공부 기술은 학습코칭의 일부분일 뿐입니다. 오히려 이러한 것들은 부모가 자녀를 학습코칭할 때는 별다른 도움이 안 될 수도 있습니다.

부모가 자녀를 학습코칭할 때 무엇보다 중요한 것은 부모가 자녀를 대하는 태도입니다. 부모가 자녀를 존중하는 태도로 자녀가 자신이 할 공부와 방법을 선택하고 자녀가 학습결과를 책임지도록 격려하면 학습코칭의 효과가 좋을 것입니다. 이와 같이 부모가 자녀를 존중하고 격려하는 태도 없이 학습코칭을 하면 자녀와 친밀했던 관계만 나빠질 수 있습니다.

부모가 자녀를 대하는 태도의 많은 부분은 대화를 통해서 이루어집니다. 그래서 적극적인 부모역할(Active Parenting)에서 제시하는 적극적인 의사소통을 활용하면 자녀와 좋은 관계를 유지하면서 학습코칭의 효과도 높일 수 있습니다.

부모가 자녀를 학습코칭할 때는 학교나 학원에서 해줄 수 없는 것을 학습코칭의 목적으로 삼아야 합니다. 물론 부모가 자녀의 학습을 코칭하는 이유는 자녀의 학습 성과를 높이기 위해서입니다. 그런데 안타깝게도 부모가 자녀의 공부를 봐주다가 서로 관계만 나빠지고 갈등만 커지는 경우가 많습니다. 그래서 부모가 자녀를 학습코칭하는 주된 목적은 자녀와 협력하면서 자녀가 자기주도학습을 할 수 있도록 도와주는 것이어야 합니다. 특히, 부모와 자녀가 기대하는 대학 입시의 결과와 진로 목표를 이루기 위해서는 자녀가 자기주도학습을 해야 합니다. 왜냐하면 자녀가 학년이 올라갈수록 부모가 자녀의 공부를 봐주고 가르쳐주는 역할로는 한계가 있습니다.

부모가 자녀를 가르치는 것에 한계를 느끼면 불안하기 때문에 자녀가 하는 공부에 더욱 더 개입하고 통제하려는 현상이 일어납니다. 그런데 자녀가 자기주도학습을 하면 부모가 자녀의 공부로부터 자유로워질 수 있기 때문에 자녀가 학습 성과를 내는데 필요한 다른 필요들을 적극저으로 채워줄 수가 있습니다. 결과적으로 자녀가 스스로 공부하는데 필요한 부분을 부모가 효과적으로 채워줄 수 있어서 자녀의 학습 성과가 더욱 높아집니다.

자녀가 자기주도학습 태도를 형성하고 학습 성과를 내는 데 있어서 부모의 적극적인 의사소통은 효과적입니다. 부모가 자녀의 학습을 코칭하는 목적을 항상 의식하면서 적극적인 의사소통방식으로 학습코칭하면 좋습니다. 그리고 다음에 제시하는 학습코칭의 핵심 노하우를 적용해 보세요. 그러면 자녀의 학습 성과를 더욱 더 높일 수 있을 것입니다.

✓ 자녀학습코칭의 6가지 핵심 노하우

첫째, 자녀의 학습 태도가 잘 형성되도록 도와주세요.

부모가 자녀를 학습코칭할 때 주의할 사항은 자녀가 어릴수록 공부 결과보다는 공부 과정에 더 많은 관심과 주의를 기울여야 한다는 것입니다. 공부를 할 때 성실하고 책임감 있게 하는 아이는 학습 효능감과 학습 성취감이 높아질 수밖에 없습니다. 그리고 아이가 자신의 학습을 계획하고 끈기 있게 계획한 목표를 이루는 것이 습관이 되면 학년이 올라갈수록 자기주도 학습을 할 수 있게 됩니다. 그렇기 때문에 자녀의 공부 과정에 중점을 두고 학습 태도가 잘 형성될 수 있도록 하는 것이 무엇보다 중요합니다. 물론 초등 자녀가 공부를 한 결과로써 공부 이해와 성취를 평가하는 시험 성적은 중요합니다. 그런데 자녀가 공부를 제대로 했다면 시험 결과는 당연히 좋게 나올 것입니다. 만약 그렇지 않다면 자녀의 공부 과정 중에 드러나는 문제가 분명히 있을 수 있습니다. 그래서 자녀의 시험 결과는 성적의 높고 낮음이 중요한 것이 아니라 부모가 자녀의 공부 과정을 꼼꼼하게 살펴보고 부족한 부분을 보강할 수 있는 용도로 활용하면 좋습니다.

부모가 명심해야할 사실은 자녀의 공부 결과에만 신경을 쓰다 보면 자녀의 공부 과정을 소홀히 할 수 있다는 것입니다. 부모는 자녀가 공부하는 과정을 세심하게 관찰하면서 자녀의 학습 태도가 좋게 형성될 수 있도록 격려하고 도와주는 것이 필요합니다. 어릴 적부터 자기주도학습 태도가 잘 형성된 아이는 자신의 진로 분야에서 충분한 성과를 낼 수 있다는 것은 학습에서 진리입니다.

둘째, 자녀의 학습 능력에 맞게 공부량과 선행학습을 조절해 주세요.

부모가 학습코칭을 올바르게 하려면 자녀의 학습 능력을 제대로 파악하고 있어야 합니다. 우선 자녀의 공부 과정과 결과에 큰 영향을 미치는 인지적인 학습 능력인 지능(IQ)을 확인해야 합니다.

웩슬러 지능 검사 결과로 보면 보통 70%의 사람들은 지능이 평균과 평균상인 IQ 90~119 사이에 있습니다. 그리고 IQ 120~129로 지능이 우수한 사람들은 대략 7%정도 이고, IQ 130 이상으로 영재인 사람들은 약 2.5% 정도입니다. 자녀의 지능이 90~119 사이 평균적인 범위에 있더라도 상위권 대학을 진학하는 데 어려움이 없습니다. 그러나 자녀가 평균적인 범위의 지능보다 낮은 경우에는 대학 입시 공부를 하고 성적을 잘 받는 것이 쉽지 않습니다. 반면에 자녀의 지능이 평균보다 높으면 짧은 시간 공부를 하더라도 좋은 성적을 낼 수 있습니다. 그렇다고 지능이 높은 아이들이 모두 다 학습 성과를 내는 것은 아닙니다. 지능이 높은 아이일지라도 학습 태도가 뒷받침되어야 학습 성과를 충분히 낼 수 있습니다. 자녀의 지능보다는 자녀의 학습 태도가 학습 성과에 더 큰 영향을 미칩니다.

어떤 아이들은 부모가 시키는 공부량과 선행학습을 기꺼이 해내는 아이들이 있습니다. 많은 부모들이 바라는 자녀의 공부 모습일 것입니다. 그런데 자신의 학년에 비해서 과도한 선행학습을 할 수 있는 아이들의 경우는 지능이 영재 정도인 극소수의 아이들이 가능한 일입니다. 대부분 아이들은 자신의 인지적 능력이 감당하기 어려운 지나치게 많은 양의 공부를 해내지 못하고 어느 순간 심리적으로 완전히 지쳐버립니다. 이러한 상태를 '학습 소진'이라고 합니다. 초등학교 때는 공부를 잘 하고 의욕적이던 아이들이 중·고등학교 시기에 학습 소진이 일어나는 경우가 있습니다. 그리고 자신의 학습 능력에 비해서 너무 많은 공부를 한 아이일수록 학습 소진이 일어날 가능성이 높습니다. 그렇기 때문에 자녀가 어릴수록 자녀의 학습 능력에 비해 과도한 학습량과 선행학습은 반드시 피하는 것이 좋습니다.

부모들이 자녀를 많은 공부와 선행학습을 시키는 이유는 자녀가 더 좋은 대학에 들어 갈 수 있도록 하기 위한 것입니다. 그런데 대학 입시를 준비하는 데 있어서 정작 중요한 중·고등학교 시기에 자녀가 학습 소진 상태가 된다면 이것보다 더 큰 손실이 없습니다. 그렇기 때문에 부모들이 자녀의 학습 능력을 잘 알지 못하고 시키는 과도한 공부량과 선행학습은 자녀의 학습 동기를 서서히 죽이는 독이 될 수 있습니다.

자녀의 지능과 학습 능력을 파악할 때는 지능(IQ)과 더불어 하워드 가드너(Howard Gardner)의 다중 지능도 함께 고려하면 좋습니다. 그렇게 하면 자녀의 학습 능력을 인지 능력에만 초점을 두어 한 쪽으로만 치우쳐서 평가하는 실수를 줄이고 전체적으로 파악할 수 있습니다.

아이들의 학습 능력이 뛰어나다는 것이 학교 시험을 잘 보는 것처럼 인지 능력이 중요한 공부만 잘한다는 것을 의미하지 않습니다. 물론 자녀가 공부를 잘 하면 학습 능력이 뛰어난 것입니다. 그러나 자녀가 그림을 잘 그리거나 춤을 잘 추는 것도 학습 능력이 뛰어난 것입니다. 그렇기 때문에 부모들이 자녀의 재능과 능력을 자녀의 인지 능력인 공부에서만 찾지 말고 다방면에 걸쳐서 전체적으로 파악하는 것이 중요합니다. 그렇게 해야 부모들의 자녀를 제대로 파악할 수 있어서 자녀의 대학 진학 및 진로를 탐색하고 선택할 때 적절한 도움을 줄 수 있습니다. 그렇지 않으면 부모들이 대학 입시를 위한 자녀의 성적에만 집착하여 의도치 않게 자녀가 좌절하고 절망하는 상황으로 밀어 넣을 수 있습니다.

셋째, 자녀의 학습 동기를 높여주세요.

자녀의 정서 상태와 더불어 학습 동기는 자녀가 힘들고 어려운 공부를 끝까지 해낼 수 있게 하는 원동력입니다. 그래서 자녀의 학습 동기가 높으면 자기주도학습이 충분히 가능합니다. 이러한 학습 동기는 자녀가 학습을 통해서 이루고자 하는 목표가 사진처럼 선명할수록 높아집니다. 자녀가 자신이 꿈꾸는 미래를 낙관적이고 희망적으로 바라볼수록 자신의 미래를 준비하는 학습에서의 동기는 높아질 것입니다. 그렇기 때문에 자녀가 자신의 진로에 대한 목표가 분명할수록 좋습니다. 그래서 부모들은 자녀가 자신의 진로를 찾기 위해 다양한 진로를 탐색할 수 있는 활동을 할 수 있도록 도와줘야 합니다. 그리고 자녀가 진로 탐색 활동을 할 때는 부모들이 자녀와 함께 의논하면서 자녀가 자신의 진로 방향을 정리하고 구체화할 수 있도록 도와줘야 합니다.

부모들이 자녀와 함께 자녀의 진로 탐색 포트폴리오를 만들어 가면 좋습니다. 그러면 자녀가 자신의 진로에 대해서 처음에는 막연하기 때문에 희미하게 그릴 수밖에 없었던 미래의 모습을 부모와 함께 할수록 점점 더 선명한 그림으로 완성해 갈 것입니다. 자녀가 꿈꾸는 미래의 모습을 선명하게 그릴수록 자신이 이루고 싶은 삶의 목표가 분명하기 때문에 자연스럽게 학습 동기가 높아집니다.

넷째, 자녀의 정서 상태가 안정되게 도와주세요.

아이들은 일상에서 크고 작은 스트레스를 받습니다. 자녀에게 스트레스를 주는 요인들은 다양합니다. 적당한 스트레스는 자녀가 공부를 할 때나 자녀가 성취하려는 목표가 있는 활동을 할 때에 도움이 되기도 합니다. 그러나 자녀에게 일상의 작은 스트레스가 해소되지 않고 계속해서 쌓이면 정서적으로 문제가 생겨서 우울증이 나타날 수도 있습니다. 자녀가 오랫동안 스트레스를 받아서 우울감이 심해지면 의기소침한 모습으로 나타날 수도 있고, 공격적이거나 분노하는 모습으로 나타날 수도 있습니다. 현실적으로 학습 경쟁이 치열한 환경 속에서 아이들이 스트레스를 안 받을 수는 없습니다. 그래서 부모들이 자녀의 감정이 드러나는 이야기를 주의해서 들으면 자녀의 정서 상태를 파악할 수 있기 때문에 예방할 수도 있습니다. 그리고 무엇보다 부모들이 자녀가 자신의 스트레스를 잘 대처하고 관리할 수 있도록 심리적인 힘과 기술을 개발시켜줘야 합니다.

자녀의 불안정한 정서 상태는 공부에 집중하는 데 가장 큰 방해가 됩니다. 특히, 자녀의 심한 우울감과 불안감은 자녀의 학습 능력을 현저하게 떨어트립니다. 부모들이 자녀의 정서 상태를 잘 파악하기 위해서는 자녀와의 관계가 친밀해야 합니다. 상담실에서 만난 아이들을 살펴보면 부모들과 친밀하지 않으면 자신들의 정서 상태를 드러내지 않고 숨깁니다. 그렇기 때문에 부모들이 자녀의 심리적인 어려움을 알아차리지 못하고 오랫동안 방치할 수가 있습니다. 그러다가 결국 부모들이 감당하기 어려울 정도로 자녀에게 더 큰 문제가 일어나기도 합니다.

만약에 자녀가 이전과 다르게 공부 과정이나 결과가 좋지 않다면 부모들이 적극적인 의사소통을 하면서 자녀의 마음을 불안정하게 하는 원인을 파악해야 합니다. 그리고 무엇보다 자녀가 심리적으로 안정을 되찾을 수 있도록 도와줘야 합니다.

부모들이 자녀와 친밀한 관계를 유지하기 위해서는 부모와 자녀가 함께 하는 정기적인 가족 활동이 있으면 도움이 됩니다. 물론 자녀의 의견이 반영된 가족 활동이어야 합니다. 부모들이 자녀의 의견을 무시하고 가족 활동을 일방적으로 정하면 자녀의 반감을 일으켜서 관계가 더 나빠질 수 있기 때문입니다.

만약에 자녀가 학습 소진이 일어난 경우에는 부모들이 적극적으로 자녀의 지친 마음을 보듬어 주어야 합니다. 분명한 사실은 부모와 정서적으로 친밀한 자녀는 학습 소진 상태가 되더라도 일정 시간이 지나면 곧 다시 회복할 가능성이 높다는 것입니다. 그래서 자녀가 학습 소진 상태가 된 기간 동안 부모는 자녀의 심리적인 안전기지 역할을 충분히 해주어야 합니다. 자녀가 학습 소진이 되어 공부를 안 하는 모습을 나타내면 부모가 불안하고 초조할 수 있습니다. 그렇다고 해서 학습 소진 상태의 자녀를 공부하라고 다그치면 문제가 더 커질 수 있습니다. 이 때는 자녀의 학습 소진 상태가 얼마나 심각한지 확인한 후에 자녀의 의견을 충분히 반영해서 공부량을 재조정하는 것이 필요합니다. 경우에 따라서는 자녀와 합의하여 일정 기간을 정해서 학교 외 공부를 안 하는 것도 좋은 방법입니다. 이러한 것이 가능하다는 사실만으로도 자녀는 부모를 심리적인 안전기지로 신뢰하고 친밀감을 느끼게 됩니다. 부모가 자녀의 심리적인 안전기지 역할을 하면 자녀가 실패하여 넘어지더라도 용기를 내어 다시 일어나서 도전할 수 있습니다.

다섯째, 자녀의 공부 환경을 만들어 주세요.

부모들은 자녀가 공부에 집중할 수 있는 분위기와 환경을 만들어 주어야 합니다. 우선 자녀가 공부를 시작하지 못하게 하는 것이 무엇인지 찾아야 합니다. 그리고 자녀가 공부를 할 때 집중을 방해하는 것이 무엇인지 확인해야 합니다. 아마도 부모들과 자녀 사이에 갈등을 가장 많이 일으키는 스마트폰이 공부에 가장 큰 방해물일 것입니다. 부모들이 적극적인 의사소통으로 자녀가 스마트폰 사용하는 것을 선택하고 책임지도록 하면 스마트폰 사용을 조절해갈 수 있습니다. 그런데 자녀가 스마트폰을 절제하지 못하고 너무 많이 사용하는 경우에는 스마트폰 과의존이 의심되기 때문에 아이윌센터(인터넷중독예방상담센터)나 심리상담센터에서 도움을 받는 것이 좋습니다.

자녀가 공부할 수 있는 환경을 만들기 위해서는 가족이 합의한 규칙적인 생활 패턴이 정해져 있으면 도움이 됩니다. 가령, 식사 시간, 간식 시간, 가족 모임 시간, 스마트폰 안 하는 시간, TV 끄는 시간, 독서 하는 시간 등이 규칙적으로 정해져 있으면 자녀가 공부할 수 있는 시간을 예측할 수 있고 그 시간에 집중할 수 있습니다.

가족 규칙은 가족 회의를 통해서 민주적인 방식으로 모든 가족 구성원들의 의견을 수렴하여 만들어야 합니다. 가족 회의를 통해 정해진 가족 규칙은 자녀가 성장함에 따라서 부모와 자녀 사이에 갈등을 일으킬 수 있습니다. 그렇기 때문에 자녀의 연령에 따라서 자녀가 할 수 있는 활동의 한계 범위를 수정해 나가야 합니다.

여섯째, 자녀의 학습 전략을 점검해 주세요.

상담실에서 만난 어머니들에게 공부를 가르쳐주는 선생님이 되지 말고 우선 '엄마'가 되어주라고 말합니다. 자녀에게 선생님은 학교나 학원에 가면 많이 있습니다. 그러나 이 세상에 엄마는 단 한 명밖에 없습니다. 그런데 엄마가 선생님이 되어버리면 자녀는 엄마라고 부르면서 안길 수 있는 유일한 대상이 사라지는 것입니다. 그래서 실제로 엄마가 있어도 없는 것처럼 느껴지는 아이들은 자신의 힘을 충분히 발휘하지 못하고 살아갑니다. 왜냐하면 존 볼비의 애착 이론에서 말하는 심리적인 '안전기지'가 없기 때문입니다. 아이들은 몸과 마음이 힘들고 지칠 때 자신들이 의지하고 기댈 수 있는 대상이 있다는 믿음이 있어야 용기를 내어 살아갈 수 있습니다. 그렇기 때문에 자녀에게는 선생님이 아니라 심리적인 안전기지인 엄마가 필요한 것입니다. 이러한 이유로 부모와 자녀의 관계가 친밀하지 않다면 자녀의 공부는 학교나 학원에 전적으로 맡기는 것이 지혜로운 방법입니다.

학습 전략은 공부 방법과 기술적인 부분이기 때문에 부모가 자녀에게 가르쳐주지 않아도 배울 곳이 많습니다. 부모들이 자녀 학습코칭에 있어서 자녀와 친밀한 관계가 훼손되는 것보다 더 큰 손해는 없기 때문에 주의해야합니다.

자녀가 학습 성과를 충분히 내기 위해서는 효과적인 학습 전략을 가지고 실행해야 합니다. 여기서는 시간관리 전략, 정보처리 전략, 시험 준비 전략에 대해서 개괄적으로 살펴보겠습니다.

자녀가 효과적인 학습 전략을 익힐 수 있도록 부모가 꾸준하게 도와주고 관리를 해주는 것이 필요합니다. 그렇기 때문에 부모가 먼저 효과적인 학습전략에 대해 충분히 이해하고 자녀 학습코칭에 적용할 필요가 있습니다.

① 시간관리 전략

가) 공부 목적을 이루기 위한 우선순위 정하기

자녀의 공부 목표에 따라 중요한 일과 반드시 마무리 해야 하는 일을 확인하세요. 중요하고 반드시 마무리 해야 하는 일이 최우선적으로 해야 하는 일입니다.

나) 집중력이 높은 황금시간 정하기

자녀의 집중력에 따라서 공부 성과가 달라집니다. 그렇기 때문에 하루 중 집중이 가장 잘 되는 자녀의 황금시간을 확인하세요. 황금시간에는 자녀가 공부에 집중할 수 있도록 도와주세요. 그러기 위해서는 학교나 학원 등 자녀의 일주일 시간표를 확인하시면 고정된 시간과 자유로운 시간을 확인할 수 있습니다. 그런 다음에 매일 비슷한 시간대로 황금시간을 확보해 주세요.

다) 계획표 작성하고 점검하기

자녀의 연령에 따라 그리고 시험 일정에 따라 자녀가 원하는 활동을 할 수 있는 자유시간을 유연하게 적용하세요. 자녀와 함께 시간표만 작성하고 나머지는 자녀에게 맡기는 부모들이 있습니다. 반드시 자녀가 계획대로 실행한 정도를 확인하고 도와줘야 합니다. 자녀가 세운 계획이 과도하거나 과소할 수 있기 때문에 자녀의 학습 능력과 실행 정도에 따라 계획표는 조정해야 합니다.

중요한 것은 자녀가 실제로 공부하는 시간을 확인하는 것입니다. 학교나 학원에서 수업을 듣는 것은 실제 공부 시간이 아닙니다. 학교나 학원의 수업 내용을 이해하고 자기 것으로 만들기 위한 예습과 복습이 자녀의 실제 공부 시간입니다. 자녀의 실제 공부 시간을 적용하여 공부할 수 있도록 학습코칭을 하면 자기주도학습 태도를 형성하는 데 도움이 됩니다.

② 정보처리 전략

가) 예습 → 수업듣기 → 복습

공부를 잘 하기 위해서 누구나 다 아는 기본 원칙입니다. 다만, 일면서도 실행은 잘 못합니다. 예습은 수업 집중력을 높이고, 질문을 통해 더 잘 이해하기 위해서 필요한 부분입니다. 예습할 시간이 없으면, 수업 전에 5분 정도 전체적인 내용만 미리

제4장 적극적인 부모(Active Parenting)의 자녀 학습코칭

파악해도 됩니다. 그러나 복습은 매우 중요합니다. 공부 성과를 내기 위해서는 장기적으로 기억해야 합니다. 그래서 공부 내용을 반복적으로 복습하는 것이 효과적입니다.

나) 효과적인 책 읽기 PQ3R

ⅰ) 훑어보기(Preview) – 대충 읽어 보고 윤곽을 파악한다.
ⅱ) 질문하기(Question) – 의문점을 찾아 질문한다.
ⅲ) 읽기(Read) – 질문에 대한 답을 찾으면서 정독한다.
ⅳ) 암송하기(Recite) – 틈틈이 돌이켜 보고 기억한 내용을 말해 본다.
ⅴ) 복습하기(Review) – 전체 내용을 재검토하고 암기한다.

자녀가 PQ3R 법칙을 체득하게 하기 위해서는 부모가 함께 책을 읽고 토론하는 것을 반복해야 합니다. 정기적인 가족 활동으로 부모가 자녀와 함께 책을 읽고 토론을 하면서 PQ3R 법칙을 적용하면 자녀가 자연스럽게 효과적으로 책을 읽게 됩니다.

다) 효과적인 노트 필기

노트 필기를 하는 이유는 자신이 공부한 내용을 이해한 후에 핵심단어나 문장으로 기억하기 위한 것입니다. 중·고등학생들의 문제집을 보면 시험 보기 전에 꼭 암기해야 할 내용 같은 요약 페이지가 있습니다. 효과적인 노트 필기는 문제집과 같은 자신만의 요약 페이지를 만드는 것입니다. 시험 전에 문제집

요약 페이지를 보는 아이와 자신이 만든 요약 페이지를 보는 아이는 학년이 올라갈수록 성적 차이가 날 수밖에 없습니다. 자녀가 자신만의 효과적인 노트 필기 방식을 체득하기 위해서는 어릴 때부터 반복적으로 해야 합니다. 자녀가 코넬 노트 필기법, 마인드맵 등을 활용 하다 보면 가장 적합하고 효과적인 방식을 터득하게 됩니다. 효과적인 책 읽기 활동을 할 때 효과적인 노트 필기 활동을 같이 하면 더욱 좋습니다.

③ 시험준비 전략

가) 시험 준비 기간 정하기

시험 공부에 필요한 시간을 계산하세요. 평소에 자녀가 과목별 노트 필기와 복습이 잘 되어 있다면 시험 공부에 필요한 시간은 줄어듭니다. 시험 날짜와 자녀의 일주일 시간표를 확인하면 시험 공부를 할 수 있는 시간이 계산됩니다. 시험의 중요도와 자녀가 준비한 정도와 학습 능력에 따라서 시험 준비 기간은 달라집니다. 언제부터 해야 한다는 법칙은 없습니다. 다만, 시험 보기 일주일 전에는 시험 과목에 대한 충분한 이해와 필요한 암기가 되어 있어야 합니다.

나) 과목별 공부 시간 분배

자녀의 과목별 학습 능력과 이해도에 따라서 시간을 분배하는 것이 중요합니다.

다) 시험 일주일 전

시험 과목에 대해 문제를 풀면서 오답노트를 정리합니다. 문제를 풀면서 과목에 대한 이해 정도와 시험 준비 정도를 확인하고 보충할 수 있습니다. 문제를 풀고 오답노트를 정리하면서 시험 불안을 낮출 수 있습니다.

라) 시험 전 날

시험 전에 최종 정리를 하는 날입니다. 자녀는 자신이 만든 요약 노트와 오답 노트를 중심으로 정리해야 합니다. 시험 전 날에 시험 성적을 올리고 싶어서 불안한 마음에 새로운 문제집을 푸는 경우가 있는데 별로 도움이 안 됩니다.

시중에는 자녀 양육과 학습에 대한 책들이 많이 있습니다. 그런데 많은 부모들이 책의 내용이 실제로 적용이 잘 안되어서 도움이 안 된다고 합니다. 상담실에서 만난 부모들이 자녀 양육과 학습에 대한 정보가 없는 것이 아닙니다. 그리고 자녀를 잘 키우기 위한 공부도 많이 합니다. 그런데 책에서 말하는 대로 자녀에게 안 되니까 상담사에게 하소연을 하는 것입니다.

부모들이 책의 내용대로 자녀 양육과 학습코칭을 하려고 해도 잘 안되는 것은 어찌 보면 당연합니다. 왜냐하면 아이들마다 개별성과 특수성이 있는 독특한 존재이기 때문입니다. 그런데 자녀 양육과 학습에 대한 책들은 보통 일반적이고 보편적인 내용을 알려줄 수 밖에 없습니다. 그렇기 때문에 책의 일반적인 내용을 독특한 존재인 자녀에게 적용할 때는 책이 말하는 핵심적인 내용을 알아야 합니다.

이 책의 핵심적인 내용은 부모가 자녀의 학습을 코칭 할 때 적극적인 부모(Active Parenting)가 되어 자녀의 인성(학습인성, 진로인성 등)을 키워주라는 것입니다. 자녀의 인성(학습인성, 진로인성 등)이 잘 발달하면 자녀는 자기주도학습을 할 수 있기 때문에 자신의 분야에서 목표를 성취하고 사회적으로 성공할 가능성이 높습니다. 세상의 모든 부모들은 자녀의 행복과 성공을 바랄 것입니다. 그런데 부모만이 자녀가 행복하고 성공적인 삶을 살아가는데 원동력이 되는 마음의 힘인 인성(학습인성, 진로인성 등)을 건강하게 키워줄 수 있습니다.

부모는 자녀에게 유무형의 많은 것을 유산으로 물려줄 수 있습니다. 그 중에서 부모가 줄 수 있는 가장 가치 있고 사라지지 않는 유산은 자녀의 인성(학습인성, 진로인성 등)을 발달시켜주는 것입니다. 부모의 경제적 형편에 상관없이 부모가 계발시켜 준 인성(학습인성, 진로인성 등)이라는 유산을 소유한 자녀는 행복하고 성공적인 삶을 살아갈 것입니다. 비록 부모가 자녀 곁에 항상 함께 할 수 없을지라도 말입니다.

PART

2

초등학생 자녀의
성공하는 학습로드맵

제5장
초중고 학습파노라마

공부의 목적은 무엇인가요?

그 동안 온·오프라인으로 만나온 학부모님들의 모든 고민의 종착은 '자녀의 성공'입니다. 그런데 자녀의 성공 기준은 무엇인 가요?

'부모님의 만족도, 아이의 행복지수, 대학 이름이 선택 가능한 우수한 성적, 좋은 직장, 등등.'

공부에 대한 눈앞의 급한 고민은 많지만 한 발 뒤로 물러서 바라보면 '자녀의 성공' 스케치가 뚜렷해 보이지 않습니다. 아이를 낳고 두근두근했던 유아기를 넘기고 드디어 학교에 입성했습니다. 초·중·고 12년, 최근에는 대입과 취업 뒷바라지까지 준비되어 있습니다. 하지만 '자녀의 성공'엔 커다란 플랜도 그려지지 않았고, 나의 역할도 생각한 적이 없습니다. 자녀의 학습에 조금만 소홀하면 못내 미안하고, 신경을 써보려 하면 '치맛바람-마마보이-맘충'의 계보로 이어지는 과잉보호 부모가 되는 것이 아닌가 하여 마음을 내려놓게 됩니다.

"자녀와 엄마아빠 vs 학생과 학부모"

아이도 엄마, 아빠 스스로도 초등학교 입학 전까지 부모의 절대적 존재감은 의심하지 않습니다. 변함없이 초등학교에 입학 후에도 아이의 아빠 엄마로 우리는 변함없는 자세로 아이를 대합니다. 필자도 초1 최정우 '학생'과 다섯 살 최지안 '어린이' 두 아이의 아빠입니다.

영화 '어바웃 타임'을 보면 시간 여행이 가능한 공통점을 갖고 있는 아들과 아버지가 바닷가에서 같은 곳을 바라보는 장면이 나옵니다. 제가 아빠로서 희망하는 가장 경험하고 싶은 아름다운 장면입니다. 물론 그림은 좋지만 극 속의 상황은 슬픕니다. 아버지의 임종이 눈앞에 있는 상황입니다. 아들은 아버지가 과거로 시간 여행하여 운명을 바꾸기를 권유합니다. 그러나 아버지는 그 동안 만들어온 아름다운 가족과의 추억이 혹여 시간 여행으로 지워지고 망가질까 그대로 그렇게 생을 마감합니다. 생각하면 슬픈 상황이지만 가족과의 아름나운 추억을 갖고 있는 극 중의 아버지가 부럽습니다. 지금 내 옆의 아들이 훗날

나를 인생의 선배로 마주해주고 함께 공감하며 같은 곳을 바라본다는 것만으로도 감사할 것 같습니다.

그런데 자녀가 학교에 들어가 학생과 학부모의 입장이 되면 생각보다 급속히 그 꿈이 끝납니다. 공부와 입시라는 이슈가 그 시작이 됩니다. 학생은 공부를 하기 싫어하고, 학부모님은 당근과 채찍을 오가며 어르고 달래어 진도에 떨어지지 않게 조율합니다. 학교 다니기 전보다 더 에너지를 쏟고, 학비도 허리가 휠 만큼 들어가는데, 아이와는 멀어지고 있음이 감지됩니다. 지금은 그렇지만 번듯이 어른이 되면 부모님의 맘을 알아주고 다시 내 품으로 돌아오겠죠. 사실 그것도 장담 못하는 세상인 듯합니다.

다시 영화와 같은 우리의 꿈으로 돌아와 볼까요? 이런 케미(chemistry)가 가능했던 이유를 살펴보면 둘 사이에는 세 가지 공감이 존재한다는 것을 알게 됩니다.

첫째, 삶의 선배로서 가지고 있는 경험에서 오는 정보의 공감.

둘째, 부모님은 언제나 좋은 것, 도움이 되는 것을 주고받고 있다는 사랑의 공감.

셋째, 멘토와 멘티로서 결국 선택은 아이가 한다는 것을 암묵적으로 인정하는 선택의 공감.

그런데 학교에 다니기 시작한 '우리 학생님'은 첫 번째부터 부모님과 공감의 괴리가 생깁니다.

나의 학습경험과 방법이 현재에도 진리일까요?

위 답에는 'NO'라고 서슴없이 답하게 됩니다. 그렇다면 현 교육에 적합한 우리아이의 학습 기준은 무엇인가요?

"교육뉴스? 주변 고학년 학부모님의 조언? 좋은 대학을 간 학생의 발자취?"

초중고 학습 파노라마		유치원	초1	초2	초3	초4	초5	초6	중1	중2	중3	고1	고2	고3
1 WHO	우리아이 학습이슈	활동	자기주도		평가		학습성과		진로교과	비교과 내신	고입	대입교과	대입비교과	수시·정시
2 Why	성장목표	경험			적성			진로		고교진학 (계열)		대학진학 (전공)		직업탐구
3 What	집중활동	언어, 예체능, 여행			특기적성각종대회			진로탐색활동		비교과	진학교과		진학전략	
4 Where	학교선택	유치원	초등학교 (공립vs사립&혁신초)						중학교 (공립vs사립&국제중 &국제학교)			고등학교 (고입vs일반고)		
5 When	공부시기	영어			수학		대회 (+영재교육원)		중등과정		+고입학습	고등과정		+대입학습
6 HOW	학습트랜드	융합교육			SW교육		과정중심 수행평가		R&E활동		STORY형 학습 (교과+비교과)			입시

대입을 준비하는 고등학생에서 6세까지 다양한 학년의 학부모님을 만나보았습니다. 학습 현안에만 끌려가는 것이 아니라 아이를 기준으로 계획된 바른 입시를 안내하려면 학습의 흐름을 안내하는 것이 상당히 중요하다는 것을 알게 되었습니다. 위 표는 그렇게 그동안 현장에서 상담한 내용들을 우리에게 가장 익숙한 정리방식인 육하원칙에 맞춘 것입니다. 학습과정을 컨설팅해 드릴 때 위 표를 '초중고 학습파노라마'라고 안내합니다.

이 장에서는 이 학습파노라마에 따라 우리 아이가 직면한 학습상황이 어떠한 흐름 가운데에 존재하는 것인지 안내하려고 합니다. 현재 하고 있는 또는 해야 하는 공부가 왜 필요한 것인지 확인하여 아이들에게도 설득력 있는 코칭을 하는 데 중요한 시식이 되리라 믿습니다.

1. WHO : 우리아이 학습이슈(학습의 세대차이를 극복하자)

초중고 학습 파노라마		유치원	초1	초2	초3	초4	초5	초6	중1	중2	중3	고1	고2	고3
1	WHO	우리아이 학습이슈	활동	자기주도		평가		학습성과		진로 교과	비교과 내신	고입	대입 교과	대입 비교과	수시·정시

아이와 함께 공감하며 학습을 진행하기 위하여 첫 단계로 우리아이와 나의 학창시절 학습이슈 갭을 좁혀나가 봅시다.

"100점"

이제는 초등학교가 된 국민학교에서도 '100점', 중학교에서도 '100점', 고등학교에서도 '100점'. 우리의 학창시절 공부의 목표는 전부 같았습니다. 과목별로 중요도는 물론 달랐지만 공부 잘하는 친구는 전과목이 '100점'이어야 했지요. 한 문제라도 놓치지 않기 위하여 교과서를 반복하여 암기하였고, 책 속 작은 글자까지 놓치지 않는 친구가 결국 승자가 되었습니다. 서술형도 어려운 문제도 많지 않아 참 아름답게 4점짜리 25문항 중에서 96점, 92점은 수용 가능한 점수였고, 88점, 84점부터는 집에 들고 가기가 부담이었습니다. 공부 외에는 또래 문화에 신경을 쓰는 정도일 뿐 다양한 견문이 언젠가 도움이 될 것이라는 생각은 대부분의 학생들이 생각하지 못한 시기였습니다.

• 서태지와 아이들, 그리고 젝스키스가 읊어주던 90년대 학교와 지금

서태지와 아이들의 교실 이데아 가사처럼 전국 구백만의 아이들의 머릿속에 모두 똑 같은 것만 집어넣었던 시대가 있었습니다. 공부법을 서태지와 아이들이 설명해 주었다면 입시는 젝스키스가 학원별곡에서 이야기해줍니다. 음악 미술은 저리 미뤄두고 국,영,수를 우선으로 해야 이래저래 인정받고 일류 대학으로 간다는 것입니다. 그래서 비범하지 않다면 중학교 때까지 진로와 진학에 대하여 생각해 본적이 없이 교과서만 달달 볶는 공부를 했습니다. 고등학교 2~3학년쯤 되어 비로소 진학에 대해 생각했고 가파르게 올라간 굳은 각오로 죄 없는 학교 책상만 대학 이름으로 커터칼 도배를 당했지요. 진로와 전공은 저 뒷전으로 밀린 건 당연했습니다. 한 단계 높은, 정확히는 서열상 높다고 생각되는 대학의 수능 최저점 학과와 내 점수를 맞춰보고 방향을 선택하는 경우가 허다했습니다. 이런 세대를 보낸 학부모에게 점수가 정확히 보이지 않는 지금의 학습 흐름은

밋밋하고 답답해 보입니다.

대신 고등학교에서는 2025년도부터 도입되는 고교학점제를 핵심으로 변화를 시도하고 있습니다. 2022개정교육과정을 시작으로 선택과목에 성취평가제를 도입하고, 문제가 되는 대입 변별력도 2028학년도 기준으로 다양한 변화를 통한 맞춤형 정책을 준비하고 있습니다.

		학습적용		평가 (진로선택)		자기개발		입시
현재 (병렬구조)	탐색	초1	초2	초3	초4	초5	초6	"영재교육원"
		자기주도		평가		학습성과		
	구체화			중1		중2		중3
				교과 자유학년제		내신 비교과		고입
	적용			고1		고2		고3
				대입교과 고교학점제		대입비교과		수시/정시
과거(수평구조)		초1,2,3		초4,5,6		중1,2,3		고1,2,3

현재 입시에 직면해 있는 고2, 3 학생들은 위 표와 조금 다를 수 있습니다. 내신과 비교과를 시기에 맞추어 조율해가며 학습할 여유가 없었을 것입니다. 개정교육과정 사이에 놓인 끼인 세대이기 때문입니다. 우리시대의 교육과 변화되고 있는 교육 사이 끼인 세대. 그래서 최근 입시정책에 대한 뉴스를 보면 언제나 문제가 많다고 모두 입을 모으지만, 답을 내지 못하는 게

현실입니다. 돌아가기엔 준비한 것이 너무 많고, 그냥 진행하기에는 지금 세대가 너무 불편하다는 것을 교육 관계자들 모두 알고 있지만, 그게 현실이라고 말하기 어렵기 때문입니다. 정답 없는 입시가 되어버렸습니다.

끼인 세대의 정답 없는 입시 상황을 정확히 풀어보자면, 진로와 진학에 대한 그림을 체계적으로 그려보라는 의미에서 학생부종합전형이라는 제도를 만들어 놓고, 비교과 학습을 강조 시켰지만, 아직 변별력과 공정성의 부족으로 내신과 수능 평가는 변한 것이 없습니다. 그리고 아직도 교육계와 학부모님 모두 '앞으로도 결국 시험이 중요한 것 아니겠어?'라고 기저에 두는 인식이 남아있기도 합니다. 그러나 지금 진행되고 있는 다양한 평가가 학생부를 뒤집어 놓는 3년 후면 모든 것이 정상적으로 자리 잡을 것입니다. 지금 초등학교, 중학교 학생들은 고민과 의심 없이 지금의 교육변화를 받아들여야 한다는 것입니다.

교과목 중간, 기말고사 100점이 진로와 진학의 방향을 상급학교에 증명해주고 학생에게 확신을 주기에는 상당히 부족합니다. 학생 개개인에게 맞추어진 교육과정이 아니라, 시기에 맞는 교과목의 기초지식 성취가 그 목표이기 때문입니다. 단순히 수학을 잘하면 이과, 국어를 잘하면 문과라는 사고는 우리시대의 산법입니다.

그래서 지금 2015개정 교육과정은 교과목의 점수보다는 학생의 역량에 초점을 맞추는 평가 방법이 진행되

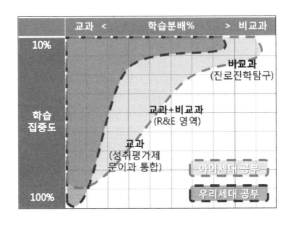

고 있으며 우리의 생각보다 더 많이 진전되었습니다. 쉽게 해석해 교과 100점을 맞는 학습보다, 다양한 비교과를 통하여 진로진학에 대하여 고민하는 학습으로 이동하고 있는 것입니다.

이미 초등학교에서는 우리가 알고 있는 '수우미양가'가 사라졌지요. 중학교와 고등학교에서는 '성취평가제'와 '고교학점제'가 자리를 잡으며 역량 중심 평가의 완성을 그리고 있습니다. 그리고 그 평가의 빈자리에는 '과정중심수행평가'가 학생들의 학습과정에서 보이는 역량을 기술하며 채워지고 있는 형국입니다.

• 성취평가제와 고교학점제

고입과 대입의 공정성을 위하여 초등학교처럼 중고등학교의 내신 점수를 없앨 수는 없었습니다. 그래서 교과 공부에서 점

수의 부담, 정확히는 '1점'의 부담을 덜어주고자 만든 제도가 성취평가제입니다. 상대평가에서 절대평가로 바뀌었으며 점수 구간은 아래 표와 같습니다.

▪ **중학생을 위한 성취평가제 가이드북 중(中)** – 교육부

성취 수준	성취율(원점수)	
	일반 교과	체육, 예술 교과
A	90% 이상	80% 이상 ~ 100%
B	80% 이상 ~ 90% 미만	60% 이상 ~ 80% 미만
C	70% 이상 ~ 80% 미만	60% 미만
D	60% 이상 ~ 70% 미만	·
E	60% 미만	·

교과 평가는 100점 만점으로 계산되므로 위 백분율을 이해하기 쉽게 정리하자면 일반 교과는 90점 이상이면 모두 A입니다. 체육, 예술 교과는 80점 이상이면 A이고요. 반에서 몇 명이 점수를 어떤 점수를 기록했고, 내가 몇 등 인지는 중요하지 않습니다. 우리세대처럼' 100'점의 트라우마를 경험할 필요가 없어진 것이지요. 이 제도는 이미 중학교에서는 시행되고 있으며, 고등학교는 시작을 했어도 몇 번을 했어야 하지만, 대입 변별력 문제로 아직 적용되기를 호시탐탐 노리는 중입니다.

대신 고등학교에서는 고교학점제라는 제도로 또 하나의 정량평가에 대한 탈출을 꿈꾸고 있는데, 2022년 도입을 목표로 하

고 있습니다. 다만, 제도의 핵심 목표가 정량평가의 탈출은 아닙니다. 학생들이 꿈을, 진로선택과목을 입시와 평가에 얽매이지 않고 자유롭게 선택하게 하려 함입니다.

▪ **고교학점제 안내 자료 중(中) - 교육부 고교학사제도혁신팀 2018.09**

[학교생활기록부(현행)]

과목	단위수	원점수/ 과목평균 (표준편차)	성취도 (수강자수)	석차 등급
고전 읽기	4	95/70 (10)	A (532)	1

[학교생활기록부(개선)]

과목	단위수	원점수/ 과목평균	성취도 (수강자수)	성취수준 학생비율
고전 읽기	4	95/70	A (532)	A(32.4%) B(30.9%) C(36.7%)

고교학점제에서 선택과목은 성취평가제처럼 석차등급이 아닌 성취도만 나타나는 것이죠. 점수를 잘 받을 수 있는 과목을 선택하기 보다는 본인이 희망하는 진로에 도움이 되는 과목을 선택하여 들으라는 취지 때문입니다. 제도의 의도대로 학생의 선택에 따라 학교에서 다양한 과목이 열리면, 같은 과목을 듣는 수강자의 수가 적어져 자연히 등수 자체가 의미가 작아지기도 합니다. 결국 성취평가제와 고교학점제 둘 모두 과목의 내용 암기보다는, 적성과 진로를 확인하는데 더욱 중점을 두라는 의미입니다.

시험의 변별력이 약해져 교과 공부가 필요 없다는 것은 '절대' 아닙니다. 암기식 학습의 부담이 줄었다는 것이지 초·중·고 꾸준한 교과목 공부는 변함없이 필요한 기본 소양이죠. 실제로 초등학교에서 교과 공부에 소홀한 친구는 첫 내신 결과가 나오는 중학교 시험에서 우리 세대가 느끼던 부담 그 이상이 됩니다. 게다가 본인은 시험 자체가 부담스러워 허둥대는데, 어떤 친구들은 고입을 바라보고 앞서가는 모습도 보일 수 있습니다. 사실 일명 '중2병'은 이러한 이유로 발생되는 경우가 많으며, 우리시대의 질풍노도의 시기라고 불리었던 '사춘기' 보다 더 심각한 이슈가 되고 있습니다.

결론적으로, 부모세대처럼 점수 1, 2점에 얼굴을 못 들고 혼나는 무서운 평가는 없어졌습니다. 대신 내가 공부한 결과가 어느 정도의 성취 수준인지 스스로 확인하고 나의 역량을 점검할 수 있는 학습을 해야 하는 시대가 되었습니다. 이것이 위에서 언급한 '중2병' 퇴치법입니다. 마치 성인교육에서 보이는 자기개발 욕구와 흡사하다고 볼 수 있습니다. 공부가 무서워지면 안 되기에 본인의 마음가짐도 중요하지만, 그와 동반하여 부모의 여유와 공감도 많이 필요합니다. 물론 대입까지 아이와 부모가 초연해지라는 조언은 비현실적입니다. 초등학생부터 대입까지 학생이 꿈을 탐색하는 과정에서 단계적이고 점진적인 학습코칭을 하는 조력자가 되어야 합니다.

2. WHY : 우리아이의 성장목표(공부는 왜 하나요)

초중고 학습 파노라마		유치원	초1	초2	초3	초4	초5	초6	중1	중2	중3	고1	고2	고3
1	WHO	우리아이 학습이슈	활동	자기주도		평가		학습성과		진로 교과	비교과 내신	고입	대입 교과	대입 비교과	수시 정시
2	Why	성장목표	경험		적성			진로		고교진학 (계열)		대학진학 (전공)		직업 탐구

- '초등학교에 입학하여 고등학교 졸업할 때까지 자신의 '꿈'을 찾는 것이 가장 중요한 목표이다.'

위 문장에 대하여 누구도 부정할 수 없습니다. 그러나 대입 이라는 벽에 부딪히면 답에 확신을 갖기가 어렵습니다. 일단 좋은 대학을 가야 그런 미래도 만날 기회가 생길 것이고, 만나 야 펼칠 수 있는 것 아닌가, 하는 생각을 누를 수 없지요. 그런 데 이 너무나도 현실적인 생각이, 아이들에게는 쉽게 표현할 수 없어 공감이 깨지고, 학생과 학부모의 불편한 관계를 만드는 첫 시작이 되는 것입니다.

- 아이의 목표로 어떤 대학을 선택하고 계신가요?

필자의 대학 전공은 넓은 공장 안에 시설들이 저마다의 규칙 을 가지고 움직이는 것을 최적화되도록 효율적으로 계산하고 설계하는 산업공학이었습니다. 우리나라에서 산업공학과로 가 장 유명한 대학은 서울대학교입니다. 당연히 의대도 법대도 공 대도 마찬가지로 가장 유명한 학교는 서울대라고 할 수 있지요.

미국에서 산업공학과는 어느 대학이 가장 유명할까요?
HARVARD? MIT? 현재 평가로 보면 처음 듣는 분도 있을 수 있
는 Georgia Tech(조지아 공과대학교)이 가장 인지도 있는 대학
입니다. 우리나라는 학과를 선택하기 전에 대학이 기준이 됩니
다. 그래서 해를 거듭하고 대입전형을 변화시켜도 "서연고 서성
한 중경외시 건동홍숙 국숭세단" 이라는 상위 대학의 서열은
굳건합니다.

물론 의치한의대라는 전공은 이 서열을 비웃으며 매년 많은
서울대 합격 포기 학생들을 양산하고 있습니다. 부디 이러한
흐름이 의대에만 한정된 것이 아니라 다른 전공분야에서도 일
어나기를 기대해 봅니다.

학습에는 동기가 필요합니다. 그런데 초등학생에게 서울대는
공부의 동기가 되지 않습니다. 하고 싶은 일, 재미있는 활동!
그래서 우리 아이들은 장기적 플랜을 가지고 초등학교 1학년부
터 전공을 선택하는 고등학교 시기까지 꾸준히 진로를 탐구하
는 노력이 필요합니다.

▪ 우리나라 학교 급 별 진로진학 교육의 목표 – 커리어넷

학교 급·계열		진로교육 목표
초등학교	진로인식	• 자신의 적성, 흥미, 성격 등 인식
중학교	진로탐색	• 직업세계의 다양성 인식, 긍정적 직업가치관 형성
고등학교	일반고	진로계획 (진학) (취업)	• 자신의 특성에 부합하는 진로경로 설정 • 희망 전공계열과 학과 능 선택
	특성화고		• 자신의 특성에 부합하는 진로경로 설정 • 희망 직업 및 취업분야 등 선택

실제 우리나라의 초중등 교육과정 중 진로교육은 매우 중요한 부분으로 자리 잡고 있으며, 위의 표와 같이 단계적인 목표를 가지고 있습니다.

• 급하지 않은 단계적인 진로 찾기

진로의 탐색을 시기가 빨라졌다고 초등학교 3학년에 마치 '데이터분석전문가'와 같은 디테일 직업을 목표화 한다는 것은 아닙니다. 실제로 학생부에도 초등학교 5학년이 되어서야 처음으로 진로희망사항을 적어보도록 하고 있습니다. (변화되는 학생부에서는 진로희망사항 항목이 없어지고 창의적 체험활동의 진로활동란에 함께 기재하는 것으로 변경) 초등학교 시기는 경험을 통해 적성을 확인하며 진로를 인식하는 시기입니다. 먼저 저학년 때는 여행 및 다양한 활동을 하며 내가 잘하는 것과 좋아하는 것을 충분히 확인하고 이해하는 것이 중요합니다. 3학년쯤 되면 경험에서 확인된 강점들을 살려주고 적성에 맞는지 좀 더 깊이 확인하는 활동을 해야 합니다. 초등학생 활동들이 대부분 3~5학년 대상이므로 관심을 갖고 살펴보고 선택하여 수행해 봐야 합니다. 영재교육원, 경시, 교내대회처럼 교과와 연결된 과정부터 과학관, 박물관, 평생교육 기관들의 활동까지 다양합니다.

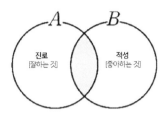

$A \cap B = \{x \mid x \in A$ 그리고 $x \in B\}$ = 행복한 삶

이 시기 진로검사지 또는 성향검사지를 통하여 답을 얻으려는 경우도 많습니다. 문과형 또는 이과형, ENTP형 또는 ENSJ형, 좌뇌형 또는 우뇌형을 고민하고 아이를 판단하는 경우도 많습니다. 그러나 중요한 것은 우리 아이의 다양한 경험에서 자연스럽게 보이는 방향과 선택입니다. 검사지는 우리 아이를 바라보는 관점에서 객관성과 다양성을 갖게 해 주는 정도로만 활용해야 합니다. 아이에게 확인된 적성이 혹시 많이 경험했기에 잘하는 것은 아닌지, 그래서 잘하기 때문에 좋아하는 것은 아닌지 생각해 보아야 합니다. 우리 아이의 '진짜' 적성은 무엇인지 정확히 판단하고 아쉬움이 없도록 그에 맞는 여러 가지 직업군을 확인해야 합니다.

• 자유학년제의 존재, 충분히 즐기고 고민하며 경험하라!

이렇게 직업군을 확인하고 진로를 탐색하는 과정을 장려하고 학습의 부담을 줄여준 시기가 바로 중학교 1학년 자유학년제

기간입니다. 온라인상에는 선행진도를 나가는 시기, 학습 성취도를 떨어지게 하는 시기 등 다양한 사이드 이펙트 기사들이 양산되지만, 직업에 대한 고민을 충분히 하는 것이 이 시기에 가장 좋은 학습입니다.

▪ 중학교 자유학기제 확대 발전 계획 – 교육부

◀ 자유학기 및 자유학년 교육행정정보시스템(NEIS) 비교(안) ▶

구분	자유학기	자유학년(개선 후)
학기설정	1-1학기, 1-2학기, -1학기 중 1개 학기만 자유학기로 설정	1-1학기, 1-2학기 2개 학기를 모두 자유학기로 설정
자유학기 활동 영역 설정	자유학기 1개 학기에 170시간 이상, 4개 영역(주제선택, 예술체육, 동아리, 진로탐색)을 모두 설정하여 입력)	자유학기로 선정한 2개 학기에 입력한 총 시수의 합이 221시간 이상, 학기별 설정 영역에 대한 제한 없이 2개 학기에 걸쳐 4개 영역 입력
평가 결과 기록	자유학기에 교과 성취도 미산출, 교과 세부능력 및 특기사항 및 자유학기 활동 상황의 특기사항란에 문장으로 기록	자유학기에 교과 성취도 미산출, 교과 세부능력 및 특기사항 및 자유학기 활동 상황의 특기사항란에 문장으로 기록

1년 동안 교과 성취도를 미산출 한다는 것은 교육부의 과감한 결정입니다. 과학고 입시를 예로 들자면 중학교 3학년 8월, 즉 2학기 결과가 없는 시기 원서접수가 있기 때문에 2학년 1학기, 2학년 2학기, 3학년 1학기 3개의 성적만 가지고 1차 서류과정에서 내신점수를 반영하게 됩니다. 중학교 6학기 중 3개 학기 교과 성적으로 학습 능력을 판단해야 한다는 것이지요. 하지만 입시 변별력 감소보다 자유학년제 활동을 중요하게 판단

한 결정인 것입니다. 그러나 진학을 준비하는 학생 입장에서 생각해 본다면, 자유학년제 동안 그간 입시에서 중1 내신 성적을 대체할 만큼의 무언가를 만들어야 한다는 것을 명심해야 합니다.

'자유학년제 = 진로선택활동'

이 시기에 다양한 활동을 하지 않는다면 중학교에서 학생부에 비교과 사항을 채우기는 매우 어렵습니다. 고등학교만큼 중학교에는 동아리와 대회가 많지 않기 때문입니다. 결국 나중에는 자기소개서의 나의 진로 목표를 보여주기에 빈약해질 수도 있습니다. 그리고 당연히 진로에 따른 진학목표 선택도 늦어지게 됩니다. 고교유형이 바뀌면 내신반영 과목 및 비율도 변경됩니다. 때문에 고입 진학목표 결정전까지 내신 전 과목 관리해 주어야 하는 부담이 생기고, 부족한 과목이 생길 경우 원하는 목표를 선택하지 못하고, 내신 결과에 맞추어 고교유형을 지원할 수밖에 없는 경우도 생기게 되는 것이죠. 물론 그럴 경우 진로 목표와는 방향이 다른 선택이 될 것입니다.

• '공부는 왜 해야 하나요?'

위 질문에 우리 어른들의 대답은 '웃기지 말고 공부나 해!' 가 고작이었습니다. 그래서인지 우리도 갑작스러운 아이의 질문에 답을 못해 머뭇거리는 경우가 많습니다. 나름 대답을 해주고 싶은데 부모도 정리가 되지 않는 것이 문제이지요.

공부는 살아가는데 필요한 상식과 지식을 얻는 것입니다. 자신이 생각하는 행복한 삶을 스스로 찾아가고 설계하게 해주는 것이라 할 수 있습니다.

즉 학습코치로서 부모는 아이가 하고 싶은 일을 찾고, 그것을 준비하는 과정에서 왜 이 공부가 필요한지 안내해 주어야 합니다. 그러려면 역으로 행복한 삶을 위한 장래희망을 빠르게 잡아주어야 합니다. 그런 다음에 부모는 장래희망에 따른 학습방향을 알아보고 아이에게 전달하는 것입니다. 이렇게 될 때 공부는 진로의 뼈대가 되고 사회에 적합한 인재로서 밑바탕이 되는 것입니다.

3. WHAT : 우리아이 집중 활동(학생부에 담아가는 진로적성)

초중고 학습 파노라마		유치원	초1	초2	초3	초4	초5	초6	중1	중2	중3	고1	고2	고3
1	WHO	우리아이 학습이슈	활동		자기주도		평가	학습성과	진로 교과	비교과 내신	고입	대입 교과	대입 비교과	수시·정시
2	Why	성장목표	경험		적성			진로	고교진학 (계열)			대학진학 (전공)		직업 탐구
3	What	집중활동	언어, 예체능, 여행		특기적성각종대회			진로탐색활동	비교과			진학교과		진학 전략

정답 없는 입시, 균형이 답이다 · 초등편 ·

• 내가 진로를 목표로 충실히 도전했다는 증거를 상급학교는 어떻게 확인할까?

공부를 하는 이유는 진로 준비를 하는 과정이라고 앞서 언급했습니다. 이는 입시에서도 마찬가지입니다. 고입의 자기주도학습 전형과 대입의 학생부종합전형 모두 진학목표와 관련 교과 학습 내용이 연결되어야 합니다. 그렇다면 상급학교의 판단 근거는 무엇일까요?

바로 그 기준이 학교생활기록부(이하 학생부)입니다.

입시에 필요한 서류는 학생부, 자기소개서, 추천서 총 3가지입니다. 이는 역할이 각각 다른데, 학생부를 기준으로 본인의 부연 설명이 자기소개서, 담당교사의 부연 설명이 추천서입니다. 부연 설명은 강조 및 보완 기능을 합니다. 즉 자기소개서와 추천서는 학생부에 녹아있지 않은 역량을 새로 만들어 줄 수는 없습니다. 눈에 보이게 정확히는 만들더라도 신뢰도가 매우 떨어지게 됩니다. 이 자료들은 입학담당관에 의해 종합하여 서류 전형에서 평가됩니다. 그리고 직접 학생에게 검증하는 과정이 입시 마지막에서 만나는 면접입니다. 이는 대학부설 영재교육원부터 고입을 지나 대입까지 모두 동일한 기조를 가지고 있습니다. 하지만 최근 대입에서는 추천서가 폐지되고 자소서가 점차 사라지며 학생부의 중요성이 더욱 높아지고 있습니다.

• 내비게이션이 목적지를 정해주지는 않는다.

학교를 다닐 때 스스로 가정통신문과 포스터를 정독하며 나에게 맞는 동아리와 대회, 교육 내용을 찾아본 적이 있나요? 대학교 때 취업에 임박하여 공모전을 들여다 본 일이 전부일 수도 있을 것입니다.

국민학교 시절 필자 최영득은 학교 과학상자 대표였습니다. 이 경험은 중학교 때까지 이어져 학교대표, 구교육청 대표를 하게 되었습니다. 역사가 긴 학교가 아니어서 교육청 대회 수상은 손에 꼽히는 성과였습니다. 덕분에 연습을 목적으로 학교 실험실을 친숙하게 들락날락하는 특혜 아닌 특혜를 누렸고, 학교 전시회 일정이 나오면 한 달 전부터 수업 후에 작품을 만들고는 했지요. 그러나 고등학교에는 과학상자 대회가 없었습니다. 비슷한 활동을 하는 동아리가 있는지, 또는 관련 행사가 있는지 찾아볼 방법도 몰랐습니다. 그리고 그렇게 과학상자의 경험은 즐거운 추억으로 마무리 되었습니다. 당시 입시 정책에서는 고등학교까지 비교과 스펙이 이어졌다고 해도 큰 플러스 요인이 되지 않았을 것입니다. 그러나 만약 나의 활동을 연장시켜줄만한 환경이 있었다면, 내 자존감이 달라졌을 것이고, 담임 선생님 또는 관련 교과 선생님들 중 누군가가 내 역량을 개발시켜주었을 것이라는 확신이 들다보니 지금도 아쉬움으로 남습니다. 물론 지금의 직업과도 연관되기에 아쉬움이 더 크게 느껴지기도 합니다.

자동차 내비게이션이 목적지를 정해주지는 않습니다. 목적지에 대한 빠른 경로, 최적의 경로만을 알려줄 뿐입니다. 부모의 꿈이 아이의 꿈이 되서는 안 됩니다. 물론 우연히 같을 수도 있겠지만, 부모의 역할은 내비게이션처럼 학습코치로서 빠른 경로, 우회로 등 다양한 방법을 제시하는 것입니다. 진로 또는 진학의 최종 목적지와 경로를 미리 결정해 놓아서는 안 되는 것이죠.

진로진학 목표에 따라 학습하는 다양한 활동을 보통 비교과라 표현합니다. 비교과란 말 그대로는 교과의 반대 범주입니다. 다양한 활동을 통하여 발전가능성과 전공적합성, 인성(커뮤니케이션 능력)을 보여 주는 것이 주요 목표입니다.

학생부 진로관련 비교과 항목	주요항목	초등학교(적성)	중학교(진로)	고등학교(진학)
		← 다양한 경험 중심 선택분야의 깊이 중심 →		
수상경력	수상명, 대상, 참가인원	학생의 선호도 과학의달	진로 +적성확인 대회	중학교부터 이력이 이어지는 대회
진로희망사항 (초등학교5학년 부터)	희망사유	넓은 범주의 직업군	진로와 적성을 희망사유로 담은 직업군 선택	전공이 보여지는 구체적 직업군
창의적 체험활동상황	동아리활동	–	직업군 관련주제 선정 활동	직업군 관련동아리 심화연구활동
	진로활동	학교 활동	진로와 적성의 확인을 위한 다양한 활동 (선택분야 필수)	직업군 관련 개인 활동 사항
자유학기활동 (중학교)	진로·주제선택, 예술체육, 동아리 활동	–		–
독서 활동상황 (중·고등학교)	공통, 과목별 도서	–	다양한 범위 +자기개발서	직종관련에세이 +자기개발서 +전공

　　위 표는 학생부에서 비교과 영역에 해당하는 범주를 정리하고 초·중·고 단계에 따른 활동 방향을 정리해 놓은 것입니다.

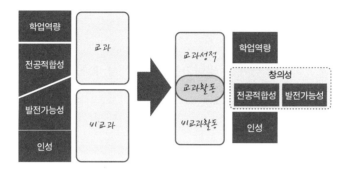

[2009년~입학사정관 초기]   [2016년~학생부종합전형 확대시기]

　　최근에는 위 표처럼 비교과와 교과의 교집합으로 '교과활동'
이라는 표현을 하기도 합니다. 교과 활동은 현 대입과 고입에
서 매우 중요한 스펙으로 자리매김 되고 있습니다. 교실 속에
서는 나의 가치관이 담긴 '수행평가', 교실 외에서는 교과와 연
계성을 갖는 '동아리 활동'과 '대회'가 바로 교과 활동입니다. 좋
은 교과활동은 교과 실력을 향상시켜 주기도 하고, 목표 지향적
학습 의욕을 높여주기도 합니다. 특히 학생부종합전형 평가요
소에서 기존에도 조금씩 공존하기는 하였지만, 전공적합성과
발전가능성을 마음껏 뽐낼 수 있는 영역이 되었습니다.

　　예를 들어 예전에는 교과학습 결과를 점수로만 판단하였으
나, 수행평가(세부능력 및 특기사항)를 통하여 학생의 다양한
활동 상황이 나타나 있습니다. 학습활동은 발전가능성과 전공
적합성이 자연스럽게 결합되며 창의성을 확인하는 요소로까지
발전되고 있습니다. 학업역량과 인성을 보여줄 수 있음은 덤이

죠. 결과적으로 교과활동이라 표현되는 '과정중심 수행평가'와 '동아리 활동과 R&E'가 입시의 핵심이 된 것입니다.

• 초·중·고 단계를 밟아가는 진로 적성 활동

학생부의 중요성을 강조하고 있지만, 초등학교 시기는 모든 비교과 활동을 학생부에 담으려 노력할 필요는 없습니다. 다양한 경험을 해보는 것이 우선입니다. 학생부에는 담을 방법이 없는 여행, 예체능 학원 경험, 다양한 언어 학습도 좋습니다. 다양한 경험을 안고 초등학교 고학년쯤 되어 하나 둘 학교에 활동에 적용해 보면 됩니다. 저학년 때의 활동이 학교 활동의 방향을 잡아줄 수도 있습니다. 바로 경험이 적성을 안내하는 것이기 때문입니다.

이때 여러 기회들은 부모가 열어주지만, 선택은 아이가 하는 것이 효과적입니다. 아이와 부모 모두 아이가 잘한다고 인정하는 활동이 있고, 그것을 첫 비교과 경험으로 삼는다면 더할 나위 없이 좋습니다. 그리고는 다양한 활동을 하되 성적 또는 평가 결과에 일희일비 할 필요도 없습니다. 내가 우리 아이를 바라보는 눈과 학교에서 많은 아이들 중 한 명으로 우리 아이 평가 하였을 때 관점이 비슷한지를 확인하는 것이 중요합니다. 아이의 여러 역량을 객관적으로 검증해보는 것이죠.

- 초3 키워드를 맞춰본다
- 초1, 2 키워드를 확인한다
- 적성
- 교내외 경험

• 초등학교 저학년 성장목표와 집중 활동

　초등학교 고학년은 적성을 확인하며 진로의 방향을 잡는 기간입니다. 현 학생부 기재 방법이라면 초등학교 5학년에 처음으로 학교에 진로희망사항을 제출합니다. 이 때 유연하게 내 적성과 진로의 방향이 맞는지 견주어보면 됩니다. 다양한 활동을 하며 아이 스스로 이 방향이 옳았다는 확신을 갖는 것도 중요합니다. 때문에 초등학교 5~6학년 시기에는 장려상이라도 내 활동을 인정받을 만한 수상을 하는 것이 좋습니다. 그리고 중학교 1학년 자유학년제를 보내며 진로에 확신을 만들면 됩니다.

　중학교 2학년이 되면 진로목표에 맞게 다양한 활동을 합니다. 초등학교에서는 적성을 '찾는' 활동을 했다면 중학교는 진로에 맞게 적성을 '보여주는' 활동을 해야 합니다. 초등학교 때 확인한 익숙하고 성과를 보일 수 있는 것부터 도전해 보는 것이 좋습니다. 초등학교 시절 이른 경험의 보은인 것이죠. 자신감을 가질 수 있는 경험으로, 누군가는 중2병이 생길 수 있는 시기, 한편으론 진로 탄력을 받을 수 있는 계기가 되는 시기이기도 합니다.

199, 제5장 초중고 학습파노라마

• 초등학교 저학년 성장목표와 집중 활동

　초등학교 고학년은 적성을 확인하며 진로의 방향을 잡는 기간입니다. 현 학생부 기재 방법이라면 초등학교 5학년에 처음으로 학교에 진로희망사항을 제출합니다. 이 때 유연하게 내 적성과 진로의 방향이 맞는지 견주어보면 됩니다. 다양한 활동을 하며 아이 스스로 이 방향이 옳았다는 확신을 갖는 것도 중요합니다. 때문에 초등학교 5~6학년 시기에는 장려상이라도 내 활동을 인정받을 만한 수상을 하는 것이 좋습니다. 그리고 중학교 1학년 자유학년제를 보내며 진로에 확신을 만들면 됩니다.

　중학교 2학년이 되면 진로목표에 맞게 다양한 활동을 합니다. 초등학교에서는 적성을 '찾는' 활동을 했다면 중학교는 진로에 맞게 적성을 '보여주는' 활동을 해야 합니다. 초등학교 때 확인한 익숙하고 성과를 보일 수 있는 것부터 도전해 보는 것이 좋습니다. 초등학교 시절 이른 경험의 보은인 것이죠. 자신감을 가질 수 있는 경험으로, 누군가는 중2병이 생길 수 있는 시기, 한편으론 진로 탄력을 받을 수 있는 계기가 되는 시기이기도 합니다.

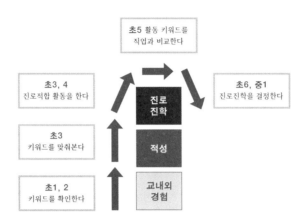

- 초등학교 고학년 성장목표와 집중 활동

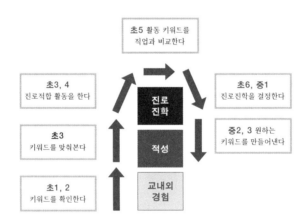

- 중학교 성장목표와 집중 활동

영재학교를 준비한다면 더 빠른 시점이 되겠지만, 중학교 2
~3학년이 되면 자신의 적성을 비교과에서 교과영역으로 끌고
오는 과정도 매우 중요합니다. 앞서 안내한 '교과활동' 과정이지
요. 내가 원하는 일을 하려면, 내가 원하는 학교를 가려면 어떠
한 공부를 해야 하는지 확인하고 연관성 있는 활동을 수행하는
것입니다. 그래서 초등학교 때와 반대로, 활동을 통하여 적성을
찾는 것이 아니라, 적성을 증명해 나가는 것이 중요합니다.

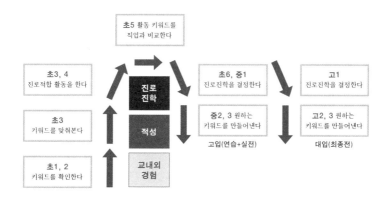

- **고등학교 성장목표와 집중 활동**

고교학점제 아래 고등학교 1학년의 진로 결정 여부는 곳 경
쟁력이 됩니다. 이때 중학교 때 고입 도전은 대입의 연습이자
최종전 대입에서 경험의 힘이 됩니다. 그래서 중학교 시기 대
입을 위한 가장 훌륭한 준비를 고입이라고 표현하기도 합니다.
이미 경험해 본 학생부 관리에 학습의 깊이만 더하면 되기 때

문입니다.

깊이 있는 학습은 우선 전략적 교과목 선택부터 시작합니다. 지금까지 대입을 위한 전략적 교과 선택이야 이과 기준이라면 물, 화, 생, 지 I, II 중에 어느 것을 선택하여 수능을 볼 것인가 정도였지만, 지금 초등학생들이 성장하는 시기에는 소개했던 고교학점제가 실시되어 더욱 다양한 선택과목들이 1학년 때부터 준비되어 있을 것입니다.

비교과에서는 전공에 대한 깊이를 보여주어야 합니다. 때로는 고등학교 범위 이상의 이론 또는 용어가 R&E 주제나 독서 내용 중에서 표현 될 수도 있습니다. 선행학습을 보여주라는 것이 아닙니다. 깊은 학습을 진행하다 보면 분야의 전문용어 한둘쯤은 당연히 나오기 마련입니다. 하지만 고급이론의 빈도보다 학습 흐름 속에서 자연스럽게 이어지는 당위성이 중요합니다. 이는 마치 슈퍼스타K 같은 오디션 프로그램을 보면 우리는 잘 느끼지 못하지만, 심사위원은 이상하게 만장일치로 어떤 참가자를 인정해 주는 것과 비슷한 것이죠. 기성 가수처럼 노래를 부르는 것보다, 노래를 정말 좋아하고 잠재력이 있음이 보이는 그런 것입니다. 고등학교의 비교과도 마찬가지입니다. 스토리와 진로를 갖고 있지 않은 금상, 은상보다는 자신의 스토리와 흐름을 같이하는 실패 경험이 중요할 수도 있습니다.

정리해보면 위 표처럼 12년간의 학생부 관리와 함께 거대한 본인의 히스토리가 만들어 지는 것을 볼 수 있습니다. 초등학교부터 누적시킨 진로의 흐름은 고등학교 때는 무엇으로도 바꿀 수 없는 무기가 되는 것입니다.

'차근차근 쌓아진 이야기 vs 갑작스러운 산만한 활동'

마치 논픽션 영화의 깊이 있는 감동을 담은 것 같은 전자의 승리입니다. 진로를 정하고 공부의 목적을 깨닫고 다양한 비교과로 방향을 확고히 합니다. 미리 준비하고 수필을 써나가듯 학교생활을 합니다. 완성된 이야기는 자기소개서가 되고 학교에서의 생활은 알아서 학생부에 차곡차곡 입력될 것입니다.

4. WHERE : 우리아이 학교선택(대학만 잘 가면 되는 것 아니었나요)

	초중고 학습 파노라마	유치원	초1	초2	초3	초4	초5	초6	중1	중2	중3	고1	고2	고3
1	WHO	우리아이 학습이슈	활동	자기주도	평가		학습성과		진로교과	비교과 내신	고입	대입 교과	대입 비교과	수시·정시
2	Why	성장목표	경험		적성		진로		고교진학 (계열)		대학진학 (전공)		직업탐구	
3	What	집중활동	어어, 예체능, 여행		특기적성각종대회		진로탐색활동		비교과	진학교과		진학전략		
4	Where	학교선택	유치원	초등학교 (공립vs사립&혁신초)					중학교 (공립vs사립&국제중 &국제학교)			고등학교 (고입vs일반고)		

원장으로 학원 생활을 하기 전 몇 년간 영재학교와 과학고를 준비하는 중학교 2, 3학년 학생들의 파이널 진학 프로그램을 운영하며 전국을 다녔습니다. '와이즈만'이라는 전국 프랜차이즈에 있기에 해 볼 수 있는 좋은 경험이었습니다. 출장을 다닐 때마다 지역의 영재학교와 과학고는 모두 찾아가 보았습니다. 그곳에서 파이널 진학 프로그램을 통하여 합격한 학생들을 만나기도 하였지요. 원하던 학교생활을 즐거워하는 모습을 보면 보람되고 행복하였습니다. '좋은 경험을 만들어 주었구나.' 하는 긍정적인 생각들로 가득했습니다.

그런데 해를 거듭하다 보니 불합격한 친구들이 점점 머릿속을 맴돌았습니다. 특히 모의 면접에서 본인의 꿈을 쉽게 말하지 못하는 친구들을 면접관으로 마주할 때가 가장 안타까웠습니다.

'그 동안 그 어려운 공부를 할 수 있던 동기는 무엇이었을까?'

'원하는 학교를 가서는 무엇을 하고 싶었을까?'

이러한 생각에 학원 일번가 대치 원장으로 발령을 받고 나서 처음 추진한 것이 '두드림(DO DREAM) 콘서트'였습니다. 학원의 학생과 학부모가 함께 듣는 진로 교육이었습니다. 학교는 무엇을 기준으로 선택해야 하는지, 가려면 무엇을 해야 하는지, 가면 무엇을 배울 수 있는지, 나의 진로와 어떻게 연결되는지를 알려주고 싶었습니다. 같은 목표를 가지고 과정을 만든 선생님들과, 좋은 피드백을 해주면서 참여한 학부모님들의 반응은 예전 합격생들에게서 느낀 즐거움과는 또 다른 감동이었습니다. 그리고 지금은 압구정으로 옮겨 같은 일을 하면서 매해 방법을 연구해가며 진행 중에 있습니다.

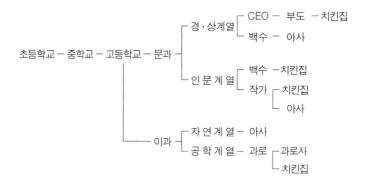

▪ 한국 학생들의 진로

위 표는 행사를 준비한 첫 해 인터넷을 떠돌던 유머입니다. '한국 학생들의 진로' 그냥 지나치거나 웃어넘길 표였는데 직업이 직업인지라 이 한 페이지에서 이 글에 공감하며 웃는 학생들의 현재에 대하여 여러 가지를 생각하게 되었습니다.

1. 고등학교에서 첫 번째 진로의 가닥이 결정된다.
2. 순수 학문의 회피가 커지고 직업을 위한 선택만 있다.
3. 진로에 대한 심도 있는 고민이 없다.

아쉬워서 머릿속에 맴돌던 아이들의 얼굴이 떠올랐습니다. 진로에 대한 확신과 그것을 기준으로 한 진학 선택 방법의 안

내가 필요했습니다. 그것도 가장 가까이에서 꾸준한 애착으로 함께할 코치, 즉, 부모로서의 설명이 필요했습니다.

진학 선택은 고등학교가 아니라 초등학교부터 아직 성숙되지 않은 아이를 대신해 부모님의 선택으로 이미 시작됩니다. 아니 어쩌면 일반 유치원과 영어 유치원부터 나뉠 수도 있겠지요.

• 초등학교의 선택은 기회비용

사립초등학교 진학에 대한 고민은 금전적 부담을 생각하지 않을 수 없습니다. 국회 교육위원회 소속 더불어 민주당 김해영 의원의 '2017년 사립학교 학부모 순 부담금 1천만 원 이상 현황' 자료에 따르면 2017년 학생 1인당 학부모 부담금이 1천만 원 이상인 사립초는 총 13곳입니다. 사립중은 청심국제중 한 곳뿐입니다. 물론 학부모 부담금에는 입학금과 수업료, 학교 운영지원비, 방과 후 학교 활동비, 현장체험 학습비, 급식비가 포함되어 있습니다. 사립초를 다니는 학부모님들은 방과 후 활동과 다양한 체험을 학생들에게 줄 수 있기에 큰 금액이라고 느끼지 않는 경우도 많습니다. 그러나 분명 적은 비용은 아닙니다.

사립초등학교의 장점이라고 하면 고비용이 아쉽지 않은 다양한 활동에 있습니다. 수영, 뮤지컬, 영어활동, 승마, 골프 등 밖에서라면 접하기 어렵거나, 개인적으로 접근한다면 더욱 비용이 높은 활동의 경험이 가능하여 다양한 적성 및 특기를 찾을 수 있는 것입니다. 그리고 이 활동들은 맞벌이 부부에게 다른 학교보다 2시간에서 3시간은 더 학교에 학생들이 머무르게 하며 부수적 장점을 주기도 합니다. 학습 부분에서는 자아존중감이 자라나기 좋은 환경을 만들어 줍니다. 물론 모든 친구들이 그렇다는 것은 당연히 아니며, 공립초에도 자아존중감이 높은 친구들은 항상 존재합니다. 그러나 자기소개서 또는 면접 강의를 하고 인터뷰를 해보면 다양한 활동과 도전이 자신을 돌아보는 경험을 많이 가지게 하였다는 것을 느끼게 됩니다. 그래서 자신의 장점과 단점에 대한 이해도가 높고 잘하는 활동을 한두 가지는 숙지하여 자신감이 평균적으로 높다는 것을 알 수 있었습니다. 물론, 반대로 뛰어난 친구인데도 모든 활동에서 두각을 보이지 못하는 경우, 자신감이 떨어지고 자아존중감이 가진 능력에 비하여 낮은 경우도 있었습니다.

단점이라고 한다면 역으로 개인적 활동을 할 수 있는 시간이 적다는 것입니다. 초등학교 시기에 시간적 여유가 많다고 본인의 학업 또는 특기를 찾고 정진하기가 쉽지는 않습니다. 그러나 사립초는 학교 내의 프로그램을 소화하기에도 버거운 경우가 많습니다.

초등학교 진학 시 또 다른 선택지는 최근 '안정화되어 가는' 혁신학교와 대안학교입니다. '되어간다'는 표현을 적은 이유는 사실 이 두 학교에 대하여 필자는 다소 부정적 견해를 갖고 있었기 때문입니다. 학습의 구성과는 별도로 진학 문제 때문이었

207
제5장 초중고 학습파노라마

습니다. 정확히는 중학교 교육과의 연계 때문이고요. 초등학교처럼 다양한 방식의 학습을 제안하는 혁신학교와 대안학교가 부족하기 때문입니다. 설립되어 있는 학교 대부분도 안정적 관리와 조금은 뾰족한 진학목표 정도입니다. 그래서 결국 다양한 방식의 학습을 경험하다 갑자기 일반화된 중학교 생활을 해야 하는데, 다양한 성향을 가지고 있던 친구들이 그간 경험해보지 못한 경직된 수업방식에 적응하지 못하고 흔들리는 경우가 많이 있습니다. 게다가 주변 초등학교를 다니던 친구들과는 다르게 중학교에서 아는 친구도 적습니다. 이 부분은 사립초도 마찬가지입니다. 때문에 만일 사립초나 대안학교, 혁신학교를 다닌다면 초등학교 5, 6학년 때 배정이 예상되는 주변 학생들이 다니는 예체능 학원이나 도서관 등에 다니면서 또래와의 교제의 장을 많이 만들어 줄 필요가 있습니다.

혁신학교의 장점은 교과 수준을 파괴하지 않는 범위 내에서의 자율적인 형태의 커리큘럼과 수업형태로 아이들의 창의성이 확대된다는 것입니다. 대안학교는 워낙 다양하게 운영(심지어 초등학교 이후에는 일반 중등교육과정에 포함되지 않아 검정고시를 봐야 하는 경우도 많다)되어 한마디로 정리할 수 없지만 학생을 위한 학교와 학부모의 공감으로 운영되는 곳이라, 학생의 학업 동기부여가 매우 높고 학교생활에 대한 만족도가 학생과 부모 모두 높다는 데 있습니다.

사립초, 혁신초, 대안학교	공립초등학교
진로에 대한 고민 다양한 경험을 통한 자아정체성 확대	근거리, 방과 후 시간에 대한 자율도 자연스러운 중학교 연계로의 준비

결국은 본인(또는 부모)의 선택입니다. 위 표처럼 차이가 있는데 우리아이는 초등학교 6년간 어떤 것을 할 때 더 값진 것을 얻을 수 있을지 선택하는 것입니다.

• 획일화가 아쉬운 중학교

국제중은 한 때 큰 이슈였습니다. 그러나 지역적으로 학생을 유치하기 어려운 청심국제중만 면접 전형을 남겨 놓았을 뿐 대원국제중, 영훈국제중, 부산국제중 모두 선발을 추첨제로 변화시키며 영향력과 차별화가 조금 무색해졌습니다. (진주선인국제중의 경우는 자기주도전형으로 진행하나, 2018년 설립하여 운영 중으로 학생수가 20명이 되지 않아 정확한 평가는 어렵다) 그러나 국제중은 분명 외국어 영역에 관심이 있는 학생에게 매력적인 학교로 도전해 볼만합니다. 그러나 이렇게 한 문단을 겨우 만들어내는 중학교의 선택지는 매우 작은 아쉬움이 있습니다.

• 고등학교는 설립 목적을 보고 선택

진로와 진학 목적에 맞게 선택을 하게 되는 첫 단계가 바로 고등학교입니다. 고등학교를 선택하려 한다면 우선 고등학교의 유형부터 이해하여야 합니다. 대학의 SKY처럼 서열을 가지고 있는 것이 아니라, 진로와 적합한 설립 목적을 가진 학교를 선택하는 것이 우선이기 때문입니다.

유형		설립 목적	세부
영재학교 (영재교육 진흥법 제1, 2조 및 제5조)		특별한 교육이 필요한 영재의 능력과 소질에 맞는 내용과 방법으로 실시하는 교육을 위해 설립되는, 고등학교과정 이하의 학교	과학영재학교, 과학예술영재학교(모집단위 : 전국)
고등학교 (「초·중등교육법 시행령」 제76조의 3)	일반고	중학교 교육의 성과를 바탕으로, 학생의 적성과 소질에 맞는 진로 개척 능력과 세계 시민으로서의 자질을 함양하는 데 중점	공립고등학교, 일반사립고등학교 (모집 단위 : 시, 도 지역·광역)
	특목고	특수 목적에 맞는 전문적인 교육을 목적으로 하는 각 계열의 고등학교. 초중등법에 따른 국가 교육과정을 준수하며 소질 적성 강화를 중점	외국어고, 국제고, 과학고, 예술고, 체육고, 마이스터고(모집단위 : 외, 국, 과 광역, 예, 체, 마 전국)
	특성화고	소질과 적성 및 능력이 유사한 학생을 대상으로 법령에 의거하여 교육과정 편성·운영하게 됨	특성(직업), 특성(대안)(모집 단위 : 전국 및 광역)
	자율고	학교별로 다양하고 특성화된 교육과정운영과 학사운영 등을 자율적으로 운영하고, 학교별로 다양하고 개성 있는 교육과정을 실시	자율형 사립고(전국단위·지역단위),자율형 공립고(모집 단위 : 전국 및 광역)

위 표는 진로와 목표에 따른 고등학교를 선택하는 것이 당연히 옳다는 것을 학생들에게 보여줍니다. 영재학교는 이공계 중심 영재성이 있는 학생들을 위한 기타 고등학교 유형입니다. 그리고 본인의 목표가 특별하게 갖추어 있다면 특목고, 다양한 선택의 폭을 갖추고 싶다면 자율고, 뚜렷한 직업 목표나 학습방향을 갖추고 있다면 특성화고를 지원할 수도 있습니다. 물론 일반고에서 차근히 나의 진로진학 목표를 설계할 수도 있습니다. 이 분류를 기반으로 학생의 진로 목표로 정렬하자면 아래 표처럼 정리됩니다.

지원	유형	이공계 (수 · 과 명확)	이공계 (성향적)	인문계 (성향적)	인문계 (어문계열 명확)
전기지원 (6~8월)	영재 학교	1. 과학영재 과학예술영재	1. 과학영재 과학예술영재		
후기지원 (9~12월)	특목고	2. 과학고			1. 외고, 국제고
	자사고		2. 자사고	1. 자사고	
	일반고	3. 과학중점학교 4. 일반고	3. 일반고	2. 일반고	2. 일반고

민사고, 하나고, 서울과고, 한성과고, 명덕외고, 하늘고 등 학교이름을 흩뿌려 놓고 아이와 학교를 선택하는 것이 우선이 아닙니다. 위 표를 보고 명확한 목표를 잡고 학교 유형에 포함된 지원 가능한 학교를 찾는 것입니다. 특목고와 지사고의 고민에서 진로의 방향이 명확하다면 뾰족한 교육과정이 있는 특목고

로, 방향이 아직 명확하지 않거나 일단 안정적으로 명문대를 진학하는 것을 고려한다면 자사고를 선택하는 것이 일반적입니다. 이공계열은 영재학교 한곳과 후기 지원 학교 하나를 마음에 두고, 인문계열의 경우에는 외고, 국제고, 자사고 중 한가지를 선택하는 것이 좋습니다. (외고, 국제고, 자사고의 선발권은 현재 2025학년도부터 폐지가 예정되어 있지만 존폐 여부는 매년 관심 있게 확인해야 합니다.)

물론 이외에도 고민할 사항이 없는 것은 아닙니다. 학교 유형을 선택했다면 각 학교의 특징과 입시결과를 꼭 살펴봐야 합니다. 특징을 살펴봐야 하는 이유는 각 지역별로 혹은 특정 직업별로 유명한 명문고가 존재하기 때문입니다. 또한 입시결과도 간과할 수 없고요. 이왕이면 좋은 대학을 많이 보내는 학교가 좋은 것은 당연한 것입니다.

요즘은 고등학교의 대학 진학 결과에 더 중요한 정보가 있습니다. 우리 아이가 대입에서 수시와 정시 어느 방향이 효과적인 성향인지 생각해 보고, 적합한 학습을 진행하는 곳을 선택해야 하는 것입니다. 쉽게 말해 수능과 내신을 잘 할 성향인지, 다양한 활동을 하며 스팩을 쌓아가는 것이 유리한 친구인지를 생각해 보고, 해당 전형의 대입 합격자가 많은지를 판단하는 것입니다. 이는 졸업생의 수시와 정시 입학 비율로 확인 가능하니 꼭 지원 전에 확인해야 합니다.

아래 표는 2018학년도 서울대학교 입시결과를 토대로 영재학교, 과학고, 자사고의 정시 및 수시 비율을 정리한 자료입니다. 목적이 분명한 영재학교와 과학고 학생들은 수시비율이 높고, 자사고의 경우 정시비율이 높지만, 자사고는 말 그대로 자율형으로 운영하는 고교이기에 수시와 정시의 비율이 학교마다 매우 다르므로 꼭 확인해야 합니다. 아래표는 2018학년도 서울대학교 입학생 수시비율 명단입니다. 영재학교와 과학고의 수시비율과 전국단위자사고의 수시비율이 크게 다르며, 전국단위자사고는 학교별로도 수시비율이 매우 다르다는 것을 확인할 수 있습니다. 입학생 수를 볼 경우 학교 정원대비 합격자 수를 확인할 필요도 있습니다.

- 2018학년도 서울대학교 입학생 수시비율 명단(과학고 · 영재학교 · 전국단위 자사고)

과학고등학교	지역	수시	정시	계	수시비율	영재학교	지역	수시	정시	계	수시비율
충남과학고등학교	충남	3		3	100%	서울과학고등학교	서울	51	6	57	89%
세종과학고등학교	서울	21	6	27	78%	대구과학고등학교	대구	27	2	29	93%
한성과학고등학교	서울	14	3	17	82%	한국과학영재학교	부산	22	1	23	96%
부산과학고등학교	부산	9	1	10	90%	경기과학고등학교	경기	50	1	51	98%
경남과학고등학교	경남	15		15	100%	대전과학고등학교	대전	47		47	100%
인천과학고등학교	인천	12		12	100%	세종과학예술영재학교	세종	33		33	100%
대전동신과학고등학교	대전	7		7	100%	광주과학고등학교	광주	22		22	100%
대구일과학고등학교	대구	7		7	100%	8개학교 중 인천과학예술영재학교 고3 졸업생 없음. 7개 학교 전체					
경기북과학고등학교	경기	6		6	100%						
울산과학고등학교	울산	6		6	100%	전국단위자사고	지역	수시	정시	계	수시비율
인천진산과학고등학교	인천	5		5	100%	상산고등학교	전북	9	21	30	30%
창원과학고등학교	경남	4		4	100%	현대청운고등학교	울산	9	10	19	47%
부산일과학고등학교	부산	3		3	100%	북일고등학교	충남	8	7	15	53%
충북과학고등학교	충북	2		2	100%	용인한국외대부설 고등학교	경기	31	24	55	56%
경산과학고등학교	경북	2		2	100%						
전남과학고등학교	전남	1		1	100%	민족사관고등학교	강원	22	11	33	67%
경북과학고등학교	경북	1		1	100%	광양제철고등학교	전남	4	1	5	80%
20개 학교 중 강원, 전북, 제주과고 3곳 최종 서울대 배출자 없음						포항제철고등학교	경북	15	3	18	83%
						인천하늘고등학교	인천	11	2	13	85%
						김천고등학교	경북	9	1	10	90%
						하나고등학교	서울	52	3	55	95%
						10개 학교 중 10개 모두 서울대 입학생 배출					

※ 학년당 학생 재원 수 평균 : 영재학교 약 100명, 과학고 약 80명, 전국단위자사고 약 250명

※ 출처 : 자유한국당 전희경 의원실

정답 없는 입시, 균형이 답이다 · 초등편 ·

"일반계 고등학교가 내신을 따기에 더 유리하지 않을까요?"

"과학고와 자사고 중에 어느 학교를 가는 것이 대학에 유리할까요?"

"고입을 꼭 해야 하나요?"

현실적으로 매우 중요할 수 있는 질문들이죠. 그러나 더욱 앞서 생각해야 하는 것은 바로 우리 아이가 고등학교에 올라가서 무엇을 하고 싶은가가 기준이 되어야 하는 것입니다. 학교알리미(http://www.schoolinfo.go.kr/) 또는 학교 홈페이지에 들어가서 다음과 같은 사항을 확인봅시다.

하나, 졸업생의 진로현황

둘, 교과별(학년별) 교과진도 운영계획

셋, 동아리 활동 현황

진로와 진학 목표에 맞는 과정이 준비되어 있는지, 진학 결과는 준비된 과정처럼 좋은지 확인하는 것이 필요합니다.

이렇게 고등학교의 신중한 선택이 성숙된 문화로 확대되어 대학 이름을 두고 고르는 문화에서, 진로를 기준으로 투자와 교수진, 연구시설 등 학습여건을 생각하며 선택하는 방향으로 자연스레 변하는 바른 대입 입시 풍토로 발전하길 간절히 고대해 봅니다.

5. WHEN : 우리아이 공부시기(때에 맞게 집중해야 하는 공부)

초중고 학습 파노라마			유치원	초1	초2	초3	초4	초5	초6	중1	중2	중3	고1	고2	고3
1	WHO	우리아이 학습이슈	활동	자기주도		평가		학습성과		진로교과	비교과내신	고입	대입교과	대입비교과	수시·정시
2	Why	성장목표	경험			적성				진로	고교진학(계열)		대학진학(전공)		직업탐구
3	What	집중활동	언어, 예체능, 여행			특기적성각종대회				진로탐색활동	비교과	진학교과		진학전략	
4	Where	학교선택	유치원	초등학교(공립vs사립&혁신초)						중학교(공립vs사립&국제중&국제학교)			고등학교(고입vs일반고)		
5	When	공부시기	영어			수학		대회(+영재교육원)		중등과정		+고입학습	고등과정		+대입학습

이 책을 읽으면서 자녀의 진로와 진학을 생각하기도 하고, 균형 있는 입시에 동기부여가 되기도 하는 등 이래저래 생각의 전환도 일어났을 것입니다. 그러나 책을 덮고 생각하면 당장 눈앞 우리아이의 부족한 공부가 현실로 다가옵니다. 공부에도 당연히 때가 있습니다. 아무 이유 없이 공부의 시기가 정해진 것은 아닐 것입니다. 아이의 성장 단계와 목표를 정리해보면 학습의 시기와 목적을 확실히 알 수 있습니다.

• 영어유치원? 영어학습?

우선 영어 유치원부터 시작하여 초등학교 저학년의 트랜드는 당연히 언어입니다. 다양한 경험을 하려면 의사소통이 필요하니 자연스러운 학습 선택이라 할 수 있습니다. 그러나 때로는 우리아이가 우리말과 영어를 동시에 습득하는 과정에서 언어의 혼란을 겪는 경우가 있으니 주의하여야 합니다. 영어의 접근법은 매우 다양하지만 영어학습의 전문가가 아닌지라 어설프게 책에서 소개하지는 않으려 합니다. 필자도 우리 아이의 영어공부는 항상 고민하고 있는 것이 사실입니다.

객관적으로 가르치고 있는 친구들의 학습량을 통계 내 보면 보통 초등 저학년 시기는 주2회, 초등 고학년에는 주3회 정도로 가장 많은 학습시간을 갖고 있습니다. 그리고 영어에 자신감이 생기면 디베이트 또는 영어교과서 등 특화된 방식을 선택하여 중학교로 넘어가면서 시간을 줄여나갑니다. 갑자기 수학 학습 시간이 늘기에 상대적으로 줄일 수밖에 없기도 합니다. 그리고 앞선 특화 학습을 꾸준히 진행하면서 중등 중반부터는 내신 중심으로 학습 성취 수준에 따라 1~2회 추가로 횟수를 더하는 경우가 가장 일반적이라 생각합니다.

• 너에게는 물려주고 싶지 않은 수학공포

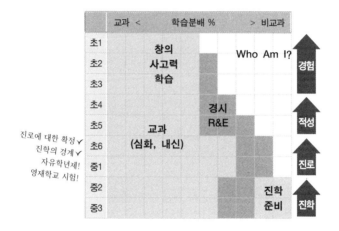

초등학교 2학년쯤 되면 거의 모든 학부모님들의 포커스가 수학으로 집중됩니다. 위 표는 성장 목표와 수학학습법을 연결해 놓은 것입니다. 연산은 유치원 때부터 시작해서 초1 수학은 웃으며 넘겼고, 조금 빠른 부모님의 경우 교구 수학을 진행하여 학생의 창의력도 발전시켰을 것입니다.

그런데 2학년쯤 되면 과연 우리아이가 수학을 잘하고 있다고 말할 수 있는지 의구심이 생기기 시작합니다. 그리고 수학학원을 고르려 포털사이트에 초등수학학원을 검색하기 시작합니다. 그런데 그냥 초등수학전문이라 단순히 자신을 소개하는 학원이 없고, 경시학원, 내신학원, 속진학원, 사고력학원 등 다양한 타이틀이 학원명과 함께 붙어있습니다. 이공계 출신 필자인지라 여러 수학 학원을 도식화 하자면 다음과 같이 정리할 수 있다.

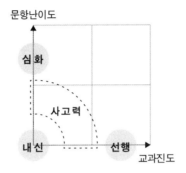

내신, 선행, 경시, 사고력은 실제 사용하는 수학의 학문적 용어는 아닙니다. 어려운 수학공부를 다양한 방법으로 지도하고 학습하면서 하나 둘씩 늘어난 학습 방법들입니다.

우선 내신은 학교 교과 속도에 맞춘 수학 진도를 이야기 합니다. 학교의 교과 진도에 따라 출제되는 교과시험 문제들을 대비해 주는 것으로, 수학 공부에서는 기초이자 필수가 되는 학습입니다. 이 학습을 기준으로 심화 수학과 선행 수학으로 확장됩니다.

심화 수학은 같은 학년의 수학 문제 중 조건이 많아지거나 단원간의 결합이 일어나는 등 어려운 응용력을 요하는 문항을 해결하는 과정입니다. 선행온 말 그대로 앞선 학습이고요. 이 과정은 언제나 찬반이 존재합니다. 학교 교과 과정을 앞서가는 것이기 때문입니다. 호불호가 있지만 입시대비를 위해선 현실적으로 어쩔 수 없다는 의견도 많습니다.

경시는 결국 수학대회 대비를 목적으로 진행하는 방법입니다. 대회 유형마다 다르기에 표에는 체크하기 어렵지만 심화와 선행이 동반되는 범주의 학습입니다. 또한 다양한 정리를 통하여 수학의 개념을 연결하거나 확장하기도 합니다.

그렇다면 사고력 수학이란 무엇일까요? 단어의 의미를 대략 예측해 보아도 교과 진도와 난이도로 분류되는 수학은 분명히 아닌 것은 확실합니다. 유독 수학 교과에는 빠져있지만 2015 개정교육과정을 보면 과학 등 타 교과에서는 '사고력'이라는 단어를 빈번히 강조하고 있는 것을 알 수 있습니다. 이번에 전격 도입된 소프트웨어 교육에서도 학습 방법을 '응용 소프트웨어의 사용법이나 프로그래밍 언어의 문법 학습을 최소화하고, 문제 해결에 필요한 프로그래밍을 통한 컴퓨팅 사고력 신장에 초점을 맞춘다.'고 말하고 있습니다.

여기서 '컴퓨팅 사고력'이란, 어떠한 문제를 컴퓨터의 논리적인 알고리즘을 적용하여 해결하는 능력을 뜻합니다. 수학도 마찬가지입니다. 사고력 수학은 난이도나 학제상의 진도 개념이 아니라, 수학 문제를 이해하고 해결할 수 있는 능력을 기르는 학습입니다. 수학의 원리를 탐구하고 이를 바탕으로 처음 경험해 보는 수학 문제를 만나면서 자신이 경험한 다양한 방법을 적용하고 사고해 나가며 문제를 해결한다고 보는데, 이를 구성주의 학습방법이라고 합니다. 이 과정에서 때로는 심화 수학의 방법을, 때로는 선행 수학 이론을 선택하여 해결방법을 찾아갑니다. 때문에 사고력 수학 학습 과정은 토의하고 토론하는 과정이 함께 진행된다면 다양한 해결 방법을 함께 습득할 수 있습니다.

이처럼 여러 가지 수학 학습 방법 중 옳고 그른 학습은 없다고 봅니다. 그랬다면 시장 논리상 해당 분류의 학원 또는 학습법은 생존하지 못하였을 것입니다. 그러므로 우리 아이에게 맞는 학습 방법은 무엇인지, 가장 효과적인 학습 방법은 무엇인지 끊임없이 찾는 과정이 필요하고, 초2부터 시작하여 초4까지는 나에게 맞는 수학 학습법을 찾는 과정이라고 생각해도 됩니다. 앞으로 수학은 교과영역을 넘어 성실성과 과제집착력을 판단하는 요소로서 고3까지 가장 밀접히 학습해야 할 친구이기 때문입니다.

• 적성을 확인하는 다양한 대회 그리고 영재교육원

초4~5학년은 경험이 주가 되는 시기이므로 당연히 대회와 영재교육원, 경시에 눈을 돌리는 학습이 필요합니다. 루틴 했던 학습의 자극제이자 적성을 확인하고 진로의 방향을 탐색하는 시기이기 때문입니다. 특히 영재교육원은 아주 특별한 경험이고 도전입니다. 우선 공부에 대한 자신감과 자부심을 갖게 됩니다. 분명 지원하지 않은 친구가 더 많기는 하지만 학교 대표로 선발된 느낌이라고 할까요?

단계	교육청 영재원 전형	대학부설 영재원 전형	영재학교 전형	대학 입시 전형
1단계	GED시스템 활용 관찰 및 추천	서류평가 (자기소개서, 학생부)	서류평가 및 방문면접	서류평가 (정시 일부&수시)
2단계	창의적 문제해결력 평가 인성 · 심층면접	지필평가 (고대, 서울교대) 2차서류 (추천서)	창의적 문제해결력 평가 영재성 평가	수능(정시 경우)
3단계		관찰, 구술면접	캠프 (실험설계, 구술 · 인성면접, 토론, 조별활동 등)	대학별 고사, 수시(논술, 구술, 면접 등)

당락이 존재하는 서류, 지필평가를 갖춘 입시 연습필요 ➡ 스펙관리, 서류준비, 스트레스관리, 체력

그러나 더욱 중요한 것은 입시를 경험해 보았다는 것이며, 우리 아이의 교과학습 상황과 서류의 기록을 검토해 봤다는 것입니다. 만일 교육청과 대학부설 영재교육원 중 대학부설에 지원하였다면 자기소개서를 써보는 입시의 얼리 어댑터 (early adopter)가 되는 것입니다. 이 과정을 통하여 단순히 스펙 관리와 서류 준비를 준비한 것 외에도, 입시를 앞에 두고 만나는 스트레스 관리와 체력 관리를 해봤다는 것도 큰 힘이 됩니다. 실

제로 영재교육원 시험 전에 추위와 스트레스가 겹쳐 감기에 걸리는 친구들도 많고, 중도 포기하는 경우도 종종 있습니다.

• 선행학습은 하라는 거야 말라는 거야?

초6부터는 선행학습에 대하여 이야기를 하지 않을 수 없습니다. 특히 수학 과목은 그 핵심이라 할 수 있지요. 선행학습은 언제나 주홍글씨가 큼지막하게 붙어 다닙니다. 그러나 '선행학습법'은 여러 교육백과사전에 기재되어 있으며 좋은 커리큘럼과 함께 영재들에게 적용되는 학습법임이 정의되어 있습니다.

필자도 사교육계에 있으며 매년 선행학습에 대한 고민을 많이 합니다. 중고등학교의 커리큘럼, 학부모의 인지와 요구, 사교육업체의 논조, 현실적 문제출제 경향(수능, 수능 모의고사, 영재학교 시험 등) 등 다양한 입장과 현실 사이에서 고민하고 갈등합니다. 그런데 입시에서 성공하려면 선행학습은 우선 필요하다고 봅니다. 이유는 간단합니다.

'고3 vs 재수생'

교육과정을 방금 마무리한 학생과 교육과정을 모두 마스터하고 다양한 문제해결에 접근한 학생의 경쟁은 공정하지 못합니다. 스파링 없이 올라간 복싱선수와 같은 상황입니다. 때문에 고2시기에 고등과정을 마무리 하는 것은 당연하다는 생각입니다. 아마 이 정도는 선행학습의 논란에 쳐주지도 않을 것입니다. 그러나 선행 문제가 발발하는 시작점이 됩니다. 그런데 실제 고등과정을 3년 보다 당겨 마스터하기는 쉽지 않습니다. 그래서 교육과정이 보다 쉬운 중등과정을 빠르게 마무리하고 고등과정을 미리 접근하는 학습에 이르게 됩니다. 그래서 중학교 3학년이면 보통 고등과정을 시작하게 되는 선행이 진행됩니다. 그리고 이런 과정을 한 단계 더 나아간다면 중학교 학습을 초등학생 시절부터 조금씩 마무리하는 단계로도 발전하게 됩니다. 그래서 초6에 중학교 교육과정을 들어가는 것입니다.

대부분 수학을 기본으로 본인의 진로진학 목표에 따라 언어영역과 탐구영역 교과를 부가적으로 진행하게 됩니다. 그런데 고입을 선택한다면 한 두 학기 앞선 선행이 불가결해 집니다. 이는 특목고 입학 후 학교 내의 교육 커리큘럼을 따라가는데도 무관하지 않습니다. 그리고 최종적으로 영재학교를 준비하는 학생의 경우 보통 중학교 2학년 5월에 첫 지필시험(고입에서 영재학교는 유일하게 지필평가를 시행한다.)을 보게 되는데, 이 도전을 하는 친구들은 초등학교 고학년부터 선행을 하지 않으면 사실상 도전이 어려운 상황입니다.

현실은 여기서 끝이 아닙니다. 고입을 원하는 빠른 학습을 하는 친구들이 차라리 영재학교, 과학고, 자사고에 모두 합격을 한다면 여기에서 선행의 문제는 종결될 수 있습니다. 그런데 이 친구들 중 불합격하여 일반계 고등학교로 온다고 생각해 봅시다. 고입을 생각하지 않던 친구들도 이 친구들과의 경쟁이 불가피해집니다. 물론 선행을 빠르게 나간 학생들이 일반계 고등학교에서 1등급을 하는 것은 아닙니다. 그러나 분명 한발 앞서 있는 것은 사실이고, 다른 선상에서 스타트를 하는 상황이 됩니다.

초등부터 중등까지의 학습 과정을 정리해보면 결국 우리나라 현 교육은 초등학교 5학년 이 후에는 기본적인 공부의 틀에서 벗어나기가 힘들다는 것을 알 수 있습니다. 그러므로 초등학교 저학년 시기에 다양한 경험을 통하여 적성을 알아가고, 고학년으로 갈수록 잘 계획된 학습을 하는 것이 여유의 핵심입니다. 그리고 이 여유는 바른 교육의 한 축이고, 인성 교육과 함께 공부를 균형 있게 유지하도록 도울 것입니다.

6. HOW : 우리아이 학습방법(학습 트랜드 무엇이 바뀌었나요)

	초중고 학습 파노라마	유치원	초1	초2	초3	초4	초5	초6	중1	중2	중3	고1	고2	고3
1	WHO 우리아이 학습이슈	활동	자기주도		평가		학습성과		진로교과	비교과 내신	고입	대입교과	대입비교과	수시·정시
2	Why 성장목표	경험			적성			진로		고교진학 (계열)		대학진학 (전공)		직업탐구
3	What 집중활동	언어, 예체능, 여행		특기적성각종대회			진로탐색활동		비교과	진학교과		진학전략		
4	Where 학교선택	유치원	초등학교 (공립vs사립&혁신초)						중학교 (공립vs사립&국제중&국제학교)			고등학교 (고입vs일반고)		
5	When 공부시기	영어			수학		대회 (+영재교육원)		중등과정		+고입학습	고등과정		+대입학습
6	HOW 학습트랜드	융합교육				SW교육		과정중심 수행평가	R&E활동		STORY형 학습 (교과+비교과)			입시

　　진로진학이 왜 학습방향의 기초가 되는지, 시기별로 어떤 학습을 진행하는지 정리해보았습니다. 그리고 드디어 육하원칙 초·중·고 학습파노라마의 마지막 챕터가 되었습니다.

　　이번에 설명할 '학습 트랜드'는 학교라는 공간이 그간 책에서 설명한 '교육의 변화'를 어떻게 주도해 나가는지 안내하는 시간입니다. 교육환경이 변화하여 우리 세대와 다른 교육이 진행된다고는 하지만, 학교교육은 군대만큼이나 변화가 안 될 것 같고, 우리아이가 수업하는 그 교실의 모습은 예나 지금이나 별반 다를 것 같지 않아 보입니다. 그래서 우리 학생들이 만나고 있는 2015년 개정교육과정에서 학년별 가장 큰 학습 변화를 정리해 보고자 합니다.

• 교육부 홍보 브로셔 – 2015 개정교육과정 中

배움을 즐기는 행복교육을 슬로건으로 소개된 2015 개정 교육과정인데, 세부 정책을 슬로건 아래 설명과 연결하자면 다음과 같습니다.

"문·이과 칸막이가 없는(융합) 기본 소양을 토대로 미래사회가 요구하는(컴퓨팅사고력) 인문학적 상상력과 과학기술 창조력을 두루 갖춘(R&E) 창의융합형 인재(진로활동)를 양성하는 교육과정입니다."

2015년 개정교육과정의 주요 교육 정책과 학생의 학습 역량을 표로 정리하면 아래와 같습니다.

	초1, 2	초3, 4	초5, 6	중등
2015 개정교육과정 핵심요소	i. 융합	ii. 컴퓨팅사고력	iii. 과정중심 수행평가	iv. R&E 자유학년제
학습역량	현상이해	원리탐구		지식생산

학습역량이 꼬리를 물고 있는 것처럼 각 시기별 트랜드는 해당 시기에만 국한된 것이 아니라, 해당 학년부터 시작되어 점차 발전하게 됩니다. 그리고 이 발전은 중학교를 거쳐 고등학교 학습까지 이어집니다. 학년이 더할수록 경험과 누적된 교과지식으로 역량이 발전되어 가는 차이만 있을 것입니다.

① 융합 : 융합은 현실이다.

▪ 융합교과의 구성 中 '봄'

영역 (대주제)	핵심개념 (소주제)	내용 (일반화된 지식)	내용 요소(활동주제)		
			바른 생활	슬기로운 생활	즐거운 생활
5. 봄	5.1 봄 날씨와 생활	사람들은 봄 날씨에 맞는 생활을 한다.	• 봄철 건강 지키기 • 봄 행사 예절 지키기	• 봄 날씨와 생활 살펴보기 • 봄 행사 알아보기	• 봄 날씨와 생활 모습 표현하기 • 봄 행사 참여하기
	5.2 봄의 모습	봄이 되면 변화하는 자연의 모습이 있다.	• 봄맞이하기 • 봄의 동식물 소중히 여기기	• 봄 풍경 관찰하기 • 봄 식물 기르기	• 봄의 모습 표현하기 • 봄 풍경 표현하기

우리에게 익숙한 바른 생활, 슬기로운 생활에서 1, 2학년 초등학생들의 교재 이름이 봄, 여름, 학교, 가족, 이웃 등으로 변하였습니다. 학교에 입학하는 자녀를 둔 학부모는 받아온 새

교과서를 넘겨보고, 도덕교과서 같다는 느낌과 함께 예전보다 배우는 것이 적다고 느껴집니다. 하지만 배열만 다르게 되어있을 뿐, 위 표처럼 학습내용은 결코 변하지 않았습니다. 단지 따뜻한 봄 날씨를 보며, 즐거운 생활의 지식을 익히고, 식물을 보며 슬기로운 생활을 학습하는 것입니다.

이것이 융합 교육입니다. 학생들과 학부모에게 융합이란 단어는 다른 얼굴로 다가왔었습니다. 문제 인식의 접근법이 발전된 것이지 해결에 필요한 지식수준이 높은 것이 아닌데, '융합문제'라는 새로운 유형이 시험 가장 마지막에 나오기 시작하며 어려운 문제로 인식하게 되었습니다. 이는 학습의 시작에서 만나야 할 융합이 학습에 끝자락에서 만나는 끝판왕 격이 된 셈입니다.

융합은 학습내용을 생동감 있게 익히기 위하여 문제의 설정을 현실처럼 구성하는 것이 목적입니다. 직접 만나는 계절과 가장 연관이 많은 장소와 관계를 바탕으로 현실 속에서 답을 찾는 방법을 깨닫게 해주는 것입니다. 마치 아무리 좋은 비타민제보다, 다양한 음식을 먹으며 섭취한 비타민이 사람 몸에 더 빠르고, 건강하게 역할을 하며, 같은 성분의 비타민제라도 자연원료로 만든 천연비타민이 좋다는 것과 유사합니다.

이 융합의 기조는 다양한 활동을 평가하는 대입의 학생부종합전형까지 이어진다고 볼 수 있습니다. 앞으로 학습할 전공지식을 바르게 이해하고 문제해결을 할 수 있는 여러 가지 경험들을 고루고루 갖추었는지 보는 것입니다. 이를 바탕으로 현상을 확인하고, 원리를 탐구한 것을 바탕으로 사용할 수 있는 지 여부를 면접에서 확인하게 됩니다.

② 컴퓨팅사고력 : 20년 전에 유행했던 컴퓨터학원 컴퓨터 교육이 갑자기 왜?

GW-Basic, 한메타자연습, 한글97……. 그야말로 20년 전에 유행한 컴퓨터 교육이 돌아왔습니다. 그런데 목적이 PC, 말 그대로 개인용 컴퓨터가 개인의 집에 보급된 시기와 같이 기능을 익히기 위한 것이 아니라는 것을 분명히 인식해야 합니다. SW 교육에 대한 방향을 과학기술정보통신부(장관 유영민, 이하 '과기정통부')는 이렇게 정의 내리고 있습니다.

"컴퓨터과학의 개념·원리·기술에 대한 이해를 토대로 학생이 주변의 문제를 찾고, 상상력과 창의력을 활용해 효율적으로 해결할 수 있는 컴퓨팅사고력(Computational Thinking)을 함양시키는 교육이다."

또한 "응용 소프트웨어의 사용법이나 프로그래밍 언어의 문법 학습을 최소화하고, 문제해결에 필요한 프로그래밍을 통한 컴퓨팅 사고력 신장에 초점을 맞춘다."고 방향을 안내하며 컴퓨팅사고력을 강조하고 있습니다.

컴퓨팅 사고력 향상의 과정을 알아보기 위해 프로그래밍으로 실내 온·습도 조절 장치를 설계하는 과정을 떠올려봅시다.

1. 온·습도를 조절하려면 사용자가 원하는 온도와 습도 기준을 알아야 하고, 실제 우리가 생활하는 온·습도의 범위를 알아야 한다. 그리고 온도와 습도를 측정하는 센서를 이해해야 한다.
2. 센서의 측정값과 내가 원하는 값이 다를 경우, 온도와 습도를 변화시켜야 한다는 신호를 컴퓨터에 전달해야 한다.
3. 온·습도의 변화를 시켜주는 장치가 목표 값에 도달할 때까지 작동되도록 지시해야 한다.

이 프로그래밍을 수행하는 과정에는 3가지 역량이 필요합니다. 먼저 한 가지 주제나 문제에 대해서 깊이 고민하고 방법을 찾는 문제 인식과 분석 능력입니다. 다음으로 정보가 전달되는 단계를 정확히 설계하고, 그 때 필요한 DATA 통계 값을 효과적으로 입력하고, 효과적인 값을 찾는 사고과정과 문제해결력이 필요합니다. 마지막으로 정확히 컴퓨터에 정보를 전달하는 프로그래밍 능력과 센서에 대한 사전 지식이 있어야 합니다.

GW-BAISC, 워드프로세스 같은 하나의 프로그램을 다룰 수 있는 학습과는 다른 사고 과정을 확장시켜주는 공부인 것입니다. 프로그래밍 능력과 함께 알고리즘을 설계하는 능력과 필요한 DATA를 찾고 정확한 값을 계산하는 능력이 필요한 것입니다. 여기서 알고리즘은 과학의 탐구과정과 유사합니다. 그리고 DATA값을 찾는 능력은 수학의 그래프이해와 상관관계 분석과정과 연관이 되어 있습니다. 융합은 현실이고 사고력은 여러 지식을 잇는 접착제라 여기면 됩니다.

③ 과정중심수행평가 : 목소리 큰 친구가 점수 잘 받는 수행평가?

고등학교 학교생활기록부 항목		학생부 R&E 역량 평가 흐름
학교생활 기록부 I	1. 인적사항	
	2. 학적사항	
	3. 출결사항	
학교생활 기록부 II	4. 수상경력	대회 R&E
	5. 자격증 및 인증 취득상황	
	6. 진로희망사항	
	7. 창의적 체험활동상황	동아리 ⟶ 자율동아리
	8. 교과학습발달상황	세부능력특기사항 (성취평가제, 과정중심 수행평가)
	9. 독서활동상황	
	10. 행동특성 및 종합의견	

'과정중심수행평가'는 지금 정책과정을 보아 예측하자면 2~3년 후의 학생부종합전형에서 가장 중요한 합격 요소가 될 것입니다. 그 동안 비교과영역, 정확히는 교과와 관련되기는 하였지만, 수업 외에서 진행 가능한 영역인 대회 수상, 동아리활동 등은 점차 기재 숫자가 적어지거나 글자 수가 줄어들고 있기 때문입니다.

지난 몇 년간의 학생부종합전형 입시 역사를 정리해보면 위 표와 같습니다. 교육부의 이런 다년간 변화의 근본적 목적은 무엇일까요? 흔히 생기부스터(생활기록부 booster)라고 불리는 그때그때의 대회, 자율동아리 같은 트랜드를 막기 위한 미봉책의 흔적일까요? 아니라면 결국 그 핵심이 앞으로 입시를 준비하는 친구들에게는 장기적 학습계획을 계획할 수 있는 방향이 될 것입니다.

교육부의 '빅피쳐'는 크게 두 가지입니다.

1. 교실 속 수업에 충실한 학생이 진학을 잘하는 체제를 만들겠다.
2. 교과 암기형이 아닌 문제해결력과 프로젝트 능력이 있는 학생을 선발하겠다.

앞서 설명했던 성취평가제와 함께 과정중심수행평가는 상호보완적으로 학생의 다양한 역량을 평가하도록 문화를 바꾸어줍니다. 성취평가제는 서술형평가 확대와 함께 100점보다는 주요 개념을 명확히 이해하는 학습으로 변화시킬 것입니다. 반대로 기재사항이 적어진 비교과 활동들보다 더 실제적이고 다양한 표현이 기재될 수 있습니다.

교육부에서 제시한 세부능력특기사항 기재 예시 5학년 자료를 분석하면 교과학습발달상황의 트렌드를 위와 같이 세 가지로 정리할 수 있습니다. 먼저 지필평가는 '그릴 수 있음', '계산에서 실수 할 때가 있음'처럼 단편적인 교과 성취도만을 표현하지만(그것도 매우 잘함, 잘함, 보통의 기준으로 학생마다 기본 기재 내용을 입력함) 수행평가에서는 '경험적으로 알고 친구와 경험을 나눌 수 있음. 염산 누출사고 현장에 소석회를 뿌리는 이유를 정확하게 설명할 수 있음'처럼 학생이 수행평가를 진행하는 '과정'에서 나오는 학습 잠재력과 역량을 구체적으로 서술해 주고 있습니다. 또한 학생의 발전과정을 학생부로 교사 간 인수인계 하면서 '어려워했던 부분을 터득하고 활용할 수 있게 됨' 등과 같이 설명해 줄 수 있습니다.

때문에 어떻게 평가 받는가도 중요하지만, 우리 아이가 어떤 학습 역량을 가지고 있는지 확인하기 위해서라도 수행평가를 준비하여 충실히 수행하는 자세는 필요합니다. 예전에는 리더십과 창의적 해결 방법만이 인정을 받았다면 이제는 과정을 평가하기 시작하며 분석력, 이해력, 협상력, 도덕성, 소통능력 등 팀의 일원으로서 필요한 다양한 역량을 평가 받을 수 있게 되었습니다. 그래서 잘 한다는 것이 예전처럼 발표를 잘하고 팀장이 되는 것에서, 팀 평가가 잘 진행될 수 있도록 최선을 다하는 가운데 자연스럽게 학생의 장점이 나오는 것으로 변화하였습니다.

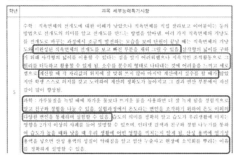

기재예시

7. 교과학습발달상황

<table>
<tr><th>학년</th><th>과목 세부능력특기사항</th></tr>
<tr><td>5</td><td>수학 : 직육면체의 전개도에 대한 이해가 낮았으나 직육면체를 직접 잘라보고 이어붙이는 등의 방법으로 전개도의 의미를 알고 전개도를 만드는 방법을 알아냄. 여러 가지 직육면체의 각각도를 전개도로 바꾸는 과정에서 조금씩 발전하는 모습을 모여 단원이 끝날 때는 직육면체가 거냥 도와 미완성된 직육면체의 전개도를 보고 빠진 부분을 채워 그릴 수 있음. 상각형의 넓이를 구하기 위해 사각형의 넓이를 이용할 수 있다는 점을 알기 어려워했으나 직육 개의 조각활동으로 그 원리를 터득하고 활용할 수 있게 됨. 소수를 분수의 형태로 나타내는 것에 어려움을 느끼고 새로웠으나 계산할 때 각 자리값의 위치에 잘 맞춰 쓰지 않아 마지막 계산에서 실수를 할 때가 많았지만 학생 스스로 의지를 갖고 노력하여 계산의 정확도가 높아지고 그 결과 연산 부분에서 자신감이 많이 향상됨.</td></tr>
<tr><td></td><td>과학 : 가루물질을 녹일 때에 차가운 물보다 뜨거운 물을 사용하면 더 잘 녹게 됨을 실험으로 알고 친구와 결함을 나눌 수 있음. 실험과정에서 온도라는 변인을 조작하기 위하여 온도 이외의 다양한 변인을 통제하며 실험할 수 있음. 습도의 의미를 명확히 알고 습도가 우리생활에 미치는 영향을 2가지 이상의 사례를 들어 설명할 수 있으며, 인터넷 검색과 친구와 정함 나누기를 통하여 습도가 높을 때와 낮을 때에 우리 생활에 어떤 영향을 미치는지 알게 됨. 산성 용액에 열기성 용액을 넣으면 산성 용액의 성질이 약해짐을 알고 염산 누출사고 현장에 소석회를 뿌리는 이유를 정확하게 설명할 수 있음.</td></tr>
</table>

[지필평가는 성취도 평가로!]
100점보다는 이해와 정의에 대한 부분을 확인

[수행평가는 학생의 성향을!]
발표, 서술, 협동 등의 상황에서 창의력, 도전정신, 발표능력 등 잠재력과 학습역량을 구체적으로 서술함

[성장과정 및 세부능력까지!]
고학년으로 넘어갈 수록 학생의 참여에 대한 세부능력 및 변화되는 학습 과정까지 정확히 기재되며 기재량도 증가

④ R&E, 자유학년제 : 너무나도 생소한 두 가지 이슈 공부 vs 활동

교육뉴스를 살펴보면 언제부턴가 R&E라는 용어가 나타나 빈도가 점점 많아져 가더니, 최근에는 오히려 R&E라는 단어를 찾아보기 어렵습니다. 대체 R&E란 무엇일까요?

R&E (수행평가 역량 + 적성검증 or 커뮤니케이션 능력검증)			
종류	대회	청소년소논문	팀프로젝트	설문조사
목표	적성검증 or 커뮤니케이션 능력검증	적성검증	커뮤니케이션 능력검증	적성탐색

위 표처럼 R&E를 부르는 범주는 다양합니다. 오히려 목적, 작성방법, 학생부에 기재되는 부분에 따라 우리가 인위적으로 갈라놓았을 수 있습니다. 학생부종합전형이라는 표현이 정착되기 전, 즉 입학사정관제가 처음 도입된 2009년도에는 'R&E = 대회'의 공식이 성립되었습니다. 이유는 아주 간단합니다. 평가기관과 지원을 하는 학생, 학교 모두 학생부에 대한 개념 정립이 덜 되었던 시기에 학교생활기록부 I에 해당하는 인적, 학적, 출결사항이 지나면 처음 나오는 것이 수상실적이었으며, 가장 변별에 공정성을 부여하기 쉬웠던 것이죠. 그래서 초기에 다양한 비교과 대회와 수·과학경시(올림피아드)대회까지 묶어 R&E라고 표현하는 경우가 많이 있었습니다. 하지만 시간이 지나며 R&E에서 대회참여 또는 연구 활동에서 상을 타는 것이 꼭 중

요한 것이 아니라는 결론이 모두의 인식에 자리 잡기 시작했습니다. 물론 교내상만 학생부에 기재하며 경쟁을 막은 효과도 있었습니다. 대회의 의미라고 한다면 나의 역량을 확인하는 기회이며 단기적 목표로 학습의욕을 상승시키는 기폭제 역할이라 할 수 있겠지요.

R&E란, research & education으로, 문과 학생들이 논문을 쓰기 전에 만나는 조사방법론 과목과 같으며, 이 학습 방법을 활용하는 모든 활동입니다. 즉, 주제를 정하고 논리적으로 탐색하여 결론을 유도하는 모든 학습활동을 말합니다. 방법적으로는 학습트랜드 iii.과정중심 수행평가와 맥락을 같이하지만, 차이점은 교과기반을 벗어난 자유로운 활동이며, 수행기간도 본인의 계획에 따라 다양하다는 것입니다. 진로진학이 입시에 Key이자 학습의 핵심이라 주구장창 설명을 하였는데 R&E 활동은 교과 또는 진로적성과 연결되었을 때 성취평가제로 내신의 변별력이 없어진 고입의 가장 중요한 평가요소가 된다는 것도 명심해야 합니다. 그리고 이 때문에 진로진학과 연결되는 R&E 활동은 자유학년제와 같이할 때 큰 시너지를 낼 수 있습니다.

학생부의 진로활동사항에 나의 진로목표를 모두 녹이기에는 상급학교에 그 열정을 나타내기가 지극히 부족합니다. 결국 자기주도과정과 그에 걸맞은 인성을 보여주어야 하는데, 이 자유학년제 활동과 R&E활동이 그 깊이와 지속성을 보여주게 되며, 스스로도 깊이를 키워나가는 계기가 됩니다. 때문에 이를

STORY형 학습이라고 필자는 표현합니다. 일거양득의 계기를 만들자면 원하는 직업을 탐색하는 R&E 활동을 진행해 보는 것도 좋습니다.

R&E는 거창한 결론이 나오는 프로젝트라고 생각하지만, 꾸준히 해당부분에 대하여 조사하고 탐구하는 과정도 R&E라 할 수 있습니다. 통계청의 통계를 활용하거나, 설문조사를 하거나, 인터뷰 자료를 모아 분석을 하는 것도 R&E활동입니다. 예를 들어 의사가 되고 싶은 친구가 우리 동네병원의 종류와 주변지역의 병원의 종류를 조사하여 소아과나 성형외과 등 개설된 병원수의 차이와 그리고 그 이유를 찾는 것도 좋은 R&E활동이 될 수 있습니다.

•초중고 학습파노라마 – 초중고 학생부 활용법 및 관리법

평가와 입시의 핵심은 학교생활기록부이다. 그런데 대부분의 중학생들이 교과 학습은 꾸준히 진행하지만 학생부는 관리하려는 시도조차 보이지 않고 있다. 관리가 아니라 확인을 하지 않는 경우도 많으며, 초등학생의 경우는 더욱 심각해진다. 어떻게 학생부와 친해져야하며 어떻게 관리해야 할까?

초등학생에게 학교생활기록부란 어떤 존재일까? 대입에서 고교 학생부는 마블영화의 인피니티 스톤처럼 절대적이 되어가고 있으며, 중학교 학생부는 영재학교, 특목자사고의 Key가 되고 있다. 하지만 초등학교 학생부는 과연 어디에 사용을 할까? 제출 여부를 들어보자면 중학교 1학년에 영재학교를 지원할 학생이거나 대학부설 영재교육원 중 학교생활기록부 제출을 하는 학교 지원 시 제출하게 된다. 그 외에는 중학교 생활에 성적이나 평가에 아무런 영향이 되지 않는다. 학교생활기록부의 관련법령 시작부분 제 25조 (학교생활기록)를 보면 '학교의 장은 학생의 학업성취도와 인성 등을 종합적으로 관찰·평가하여 학생지도 및 상급학교의 학생 선발에 활용할 수 있도록 관리·작성해야 한다.'고 하지만, 중학교에 경우 진학한 학생의 진로관련 사항(진로희망사항 및 창의적 체험활동 상황의 진로활동 영역)을 인적 사항과 함께 받을 뿐이다. 때문에 학생부는 앞으로 어떠한 역할을 하고 어떻게 구성되어 있는지를 확인해야 초등학교에서는 어떻게 관리해야 하는지 알게 된다.

• 수능은 모의고사가 있는데 학생부는 연습을 하나요?

수능은 모의고사를 학년마다 치르며, 심지어 고3 시기에는 거의 매달 모의고사를 치르는데, 학생부 관리는 연습 없이 바로 실전을 준비해야 할까? 이런 틀을 깨기 위한 답은 초중고등학교 단계적인 학생부를 바라보는 연습에 있다.

▪ **학생부의 구조**

학교생활기록부항목		주요항목	교과·비교과 영역	학생부종합전형 시 주요평가지표
학교 생활 기록부I	인적학적사항	성명, 주소, 전입학사항 등	평가사항 없음	내신 경쟁력을 위한 전입학 사항
	학적사항	전입학사항		내신을 위한 전학사항
	출결사항	출결석사항		무단결석, 학폭위 여부
학교 생활 기록부II	수상경력	수상명, 대상, 참가인원	교과활동	전공 및 관련교과 수상
	자격증 및 인증 취득상황(고등학교)	명칭 및 종류	비교과	전공부분 자격증
	진로희망사항 (초등학교5학년부터)	희망사유		뚜렷한 진로목표
	창의적 체험활동상황	자율활동	교과활동	임원 리더십, 사회성
		동아리활동		전공 및 관련교과 역량 리더십, 자기주도성
		봉사활동	비교과	진정성
		진로활동		진로탐색 노력
	교과학습 발달상황	학기성적	교과영역	전체교과성적 및 추이
		세부능력 및 특기사항	교과활동	학업관련 탐구활동, 방과 후·영재원 등 활동, 수행평가 발현역량

자유학기활동 (중학교)	진로·주제선택, 예술체육, 동아리 활동	비교과	대입 해당사항 없음 진로희망사항 및 진로활동확장
독서활동상황 (중, 고등학교)	공통, 과목별 도서		풍부한 독서량과 전공 또는 인성 영향력
행동특성 및 종합의견	담임선생님 종합의견	교과활동	교우관계, 인성, 학습 우수사항, 1, 2학년 담임 추천사항

학생부의 구조는 위 표처럼 복잡하다. 처음 학생부를 읽는 경우에는 5분 정도면 '좋은 이야기가 많구나.' 하고 마무리 지은 경우도 많을 것이다. 그러나 나에 대한 평가와 앞으로 해야 할 학습을 고려하고 평가 요소를 체크한다면, 한두 시간에도 아니 어쩌면 하루 이틀에도 정독하기 빠듯하다. 12년간의 학교생활에서 우리는 세 번의 학생부를 갖게 된다. 계획적으로 준비하여 효과적으로 연습하고 나의 장점을 정확하게 보여줄 필요가 있다. 사회생활을 하는 직장인이라면 서류, 문서의 위력이 얼마나 큰지 알 것이다. 학생부는 입시 최고 권위의 문서이다.

초등 학생부	중등 학생부	고등 학생부
입시 연습용	'비교과 수행 및 자소서화' **입시 연습용**	'나만의 스토리 구성' 입시 실전용
'우리아이 역량 확인' **평가연습용**	'내신 및 수행평가 실전' 평가 실전용	평가 실전용

▪ 학교생활기록부의 활용 방법

앞서 안내하였듯 초등학교 학생부는 다양한 경험을 하고 나를 확인하는 계기로 만들며 평가 연습용으로 활용하면 된다. 그러나 중학교 학생부는 조금 다르다. 어쩌면 활용도 면에서는 가장 중요한 학생부가 아닐까 생각된다. 나를 정확히 확인하는 평가 실전용 학생부가 되고, 입시 요소로 본다면 나는 어떤 점수를 받게 되는지 연습용 자료가 된다. 당연히 고등학교 학생부는 입시 실전용으로, 3년간의 완벽한 자신만의 스토리를 기록해야 한다. 꿈을 명확히 하고, 학생부에 자기소개서를 통해 어필하고 싶은 내용이 녹여질 수 있도록 다양한 비교과 활동을 수행해 나가야 할 것이다. 이러한 일련의 과정이 잘 진행될 수 있는지 미리 연습해보는 것이 고입을 준비하는 학생들의 중학교 학생부이다. 연습이 없는 고등학교 학생부를 대비하여, 연습용 학생부로 중학교 학생부를 활용해 보는 것이다.

∙평가의 실전이자 입시의 연습인 중학교 학생부

▪ 중고등 학년별 학생부 관리 슬로건

1학년	2학년	3학년
넓게	깊게	빈틈없게

중학교 이상의 학생부는 나의 스토리이다. 픽션을 만들어 내는 것으로 오해할 수 있는데, 과장되거나 없는 활동을 만들라는 것이 아니다. 오히려 이런 모습은 면접 시 서류 확인 과정에서 불합격 요소로 작용할 수 있다. 자신만의 스토리는 나의 장점과 나의 고민을 학생부에 모두 표현하고 내가 재학 기간 동안 성장한 흔적을 학생부를 읽는 다른 사람들도 느낄 수 있게 만들어야 한다. 때문에 1학년 때는 다양한 경험을 통한 꿈을 찾기 위한 노력이, 2학년에는 도전, 3학년에는 견고한 방향이 보여야 한다.

1학년 때는 꿈과 끼를 찾을 수 있는 다양한 활동을 경험해야 한다. 정확하지는 않아도 다양하고 치열하게 미래를 찾으려고 경험해 보았음을 강조하고, 이를 통해 얻은 목표를 분명하게 남겨야 한다. 고등학교 1학년보다 중학교 1학년이 더 좋은 시기인 이유는 자유학년제라는 다양한 경험이 가능한 기회가 있기 때문이다.

2학년 때는 1학년 때 찾은 꿈과 끼를 더욱 깊게 파고들어 연구 활동, 대회 활동 등과 같이 구체적인 성취를 얻어야 한다. 자기소개서의 항목들과 비교해 보자면 1학년부터 2학년까지의 이야기가 녹아 어떠한 노력으로 꿈을 찾고 어떠한 결과물을 만들어 내었는지 전공 적합성과 함께 지원동기를 만들어 내야 한다는 것이다. 이러한 과정에서 얻은 구체적 결과물은 학업 역량으로, 과정 중에 경험한 다른 친구들과의 교류는 커뮤니케이션 능력 등과 같은 인성 요소로 기재된다.

마지막으로, 3학년 때는 2년간 열심히 생활하였지만 꿈을 보여주기에 미흡한 나머지 조각들을 빈틈없이 채우는 데 사용하면 된다. 빈틈을 찾기 위한 가장 좋은 방법은 자기소개서의 모든 항목을 한번 채워보는 것이다. 그러면 적을 것이 없는 항목이 무엇인지 확인되고, 이를 채우기 위한 전략을 고민하게 된다. 때문에 자기소개서는 원서 접수 전에 작성을 하는 것이 아니라, 2학년 말에 미리 1차 작성을 해야만 한다. 가장 좋은 방법은 학기가 끝날 때마다 작성해 보는 것이다. 시간을 벌 수 있고 구체적으로 작성할 수도 있을 것이다.

• 12년간의 학습 발전 사항을 학생부 종합전형에서 꽃피우는 법

중학교의 고입용 학생부가 고등학교의 대입용 학생부의 좋은 연습이 되는 것처럼, 중학교 평가 대비 연습장은 초등학교 학생부가 될 수 있음을 기억한다면 좋은 팁이 될 것이다. 현재 중학교의 평가는 수행평가와 그에 따른 교과학습 발달상황이 주요소가 되고 있다. 초등학교 학생부는 과목별 점수가 나와 있지 않아 소홀히 하는 경우가 있는데, 초등학교 학생부의 교과학습 발달상황의 문구로 우리 아이의 중학교 학습 중 학습 성향과 과목별 적응력을 어느 정도 예상할 수 있다.

결과적으로 초등학교부터 고등학교까지 12년 동안의 학생부는 어느 것 하나 뺄 부분이 없다. 우리 아이에게 가장 중요한 것은 결국 학교에서의 모습인 것이다. 학생부는 학교 생활의 CCTV라고 할 수 있다. 학생부를 통해 미처 몰랐던 잘하는 부분은 더욱 키워주고, 아쉬운 부분은 점검해 개선해야 한다. 반드시 기억해야 할 것은 학생과 학부모가 학생부를 통하여 같은 눈높이로 공감하며, 앞으로의 학습 방향을 설계할 수 있다는 점이다. 만약 우리 자녀가 학교에서 잘 지내고 있는지 담임선생님에게 전화해보기 망설여진다면, 우선 나이스 (www.neis.go.kr)에서 학생의 학생부를 읽어보길 바란다. 그것이 대입 성공의 시작이 될 수 있다.

제6장
아이와 함께 학습하는 부모 되기

학년에 맞게 아이와 대화 하고 있나요?

1. 초등학교 1, 2학년 – 좋은 질문으로 생각 열어주기!
2. 초등학교 3, 4학년 – 스스로 고민하고 해결하도록 도와주기!
3. 초등학교 5, 6학년 그리고 그 후 – 진로 진학 커다란 그림에 같이 도전하기!

[부록] 정보에 민감한 초중등 학부모님을 위한 필수 사이트!

학년에 맞게 아이와 대화하고 있나요?

12년간의 학습 방향을 육하원칙에 맞추어 안내하였지만 어디까지나 평균적인 기준입니다. 그러므로 내가 코칭하는 우리아이는 분명 다를 수 있습니다. 학습 파노라마를 보편적 기준으로 놓고 우리아이의 유니크 한 플랜을 계획해봐야 합니다. 학습 속도에 따라 조금 빠르거나 느리게, 때로 어떤 부분은 통째로 들어 낼 수도 있습니다. 무엇보다 언제나 부모와 아이가 같은 곳을 바라보고 계획하며 정진하는 것이 중요합니다.

때문에 이번 장에서는 학년에 맞게 엄마이자 학부모이자 멘토로서 우리 아이에게 어떠한 접근과 역량 개발이 필요한지 안내하려고 합니다.

- '스마트폰이 시험 시간에 주어지면 학생들은 무엇을 공부해야 할까요?'

'대학교에서는 오픈 북으로 시험을 보거나 공업용 계산기를 가지고 수학 문제를 풀기도 해.'

중고등 학교 시절 오픈북 시험에 대한 대학의 이야기를 들으면 '공부 안 해도 되겠네?'라는 가벼운 미소를 지었습니다. 하지만 정말 오픈북 시험이 쉬우셨나요?

저는 대학교 교양과목 수업 중 『대중공연의 이해』 과목의 시험이 아직도 기억납니다. 산업공학도로서 담백하게 시험에 임했습니다. 학습한 내용을 교양서적 첫 페이지에 요약해 놓고 문제에 맞게 옮겨 적으면 되겠지 생각했습니다. 시험 주제는 '1500~3000명 정도가 들어가는 공연장의 뮤지컬을 기획한다면 고려해야 할 요소들을 적으시오.'였습니다. 요약은 큰 의미가 없었고 순간 막막해졌습니다. 공연 현장을 많이 가보고 뮤지컬을 즐기며 경험을 통하여 책의 내용을 이해한 학생들이 유리하다는 결론이 나왔습니다. 수업과 연결 짓자면 교수님께서 예를 들었던 현장에 대한 묘사가 책의 이론보다는 답에 도움이 되었습니다. 실제로 한 학기 동안 수업을 들었던 것보다 시험 두 달 전에 보았던 지저스 크라이스트 슈퍼스타 뮤지컬을 떠올리며 답을 적어 나갔습니다. 성적은 노코멘트 입니다.

스마트폰까지 시험에 주어질지는 모르겠지만, 사회에선 이미 AI가 많은 일들을 대신 할 것이라는 것은 모두가 공감하는 상황입니다. 그래서 지금의 사회는 '지식 소비자'가 아닌 '지식 생산자'형 인재를 만들고자 합니다. 그러므로 구구단, 영단어 등 지식을 습득하는 부분에서 아이들과 갈등을 갖기보다는, 아이들이 어떠한 태도로 학교 학습에 접근하는지를 도와주며, 항상 공감하고 활용할 수 있는 지식을 익히는 자세를 키워주셔야 합니다.

그런데 이러한 문제해결력 중심 학습에서 인성은 매우 중요한 요소입니다. 혼자서 해결할 수 없는 정보와 전략들이 많기 때문입니다. 다음 표처럼 입시에서도 마찬가지입니다. 교과, 비교과 학습활동과 함께 인성부분을 관리해 주시는 학습코칭이 반드시 필요합니다.

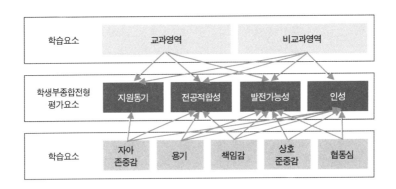

입시에서 인성은 매너가 아니라 에티켓을 칭합니다. 인사를 잘하고 착한 것은 가지고 있으면 좋지만, 없다고 단체 활동에 큰 문제가 되지는 않습니다. 에티켓은 대인관계에서 나의 역할을 이해하고 수행하며 의견을 공유하는 커뮤니케이션을 유연하게 만드는 역량입니다. 그래서 사회생활을 하는 데 필수적인 요소이며, 대입에서의 평가요소들과도 밀접히 얽혀 있습니다.

그런데 학생들의 인성요소는 부모님과의 관계에서 가장 잘 형성됩니다. 마치 내가 부모님 성격을 닮았음을 느끼고, 아이에게서 내 모습이 보이는 것처럼 말입니다. 특히 인성은 커뮤니케이션 스킬을 형성시켜 주는 역할도 크기 때문에 아이의 이야기에 늘 귀 기울여 들어주고 존중하며 경청해 주어야 합니다.

최고속도 시속 150km의 직구를 투구 할 수 있는 투수에게 좋은 포수는 시속 145km의 직구를 던지도록 주문합니다. 정확한 위치에 들어오지 않는 빠른 공보다는 정확하면서 조금 속도를 조절한 공이 효과적이기 때문입니다. 여러 크고 작은 실전 경험을 통하여 포수의 선택이 옳았다는 것을 느끼고 투수는 믿고 마운드에 오릅니다. 그 후에 포수는 투수의 컨디션이 좋은 경우에는 시속 150km의 전력 투구를 주문하기도 합니다.

구속과 제구의 균형처럼, 입시에서도 마찬가지로 공부와 인성교육의 균형이 필요합니다. 무조건 공부를 외칠 수 있지만 아이에게 독이 되는 경우도 있습니다. 자존감과 킨디선을 파악하고 진보복표를 기준으로 옳고 그른 방향을 조언해 주어야 합니다. 학생이 학습 욕구가 가득할 때에는 격려해 주며 100%의 에너지로 학습할 수 있도록 도와 줄 수도 있습니다.

지금부터는 자녀를 학습코칭 할 때, 고민을 하기보다 시기에 앞서 준비하며 계획할 수 있는 행복한 성공법을 안내하고자 합니다.

1. 초등학교 1, 2학년 - 좋은 질문으로 생각 열어주기!

'정우가 초등학교도 들어가고 참 많이 컸구나.'

초등학교에 입학한 아들의 모습이 의젓하고 뿌듯합니다. 그런데 뒤돌아서면 소심한 고민투성입니다.

'우리 아이가 적응은 잘 할 수 있을까?'

'약은 알아서 챙겨먹을까?'

'수업시간 40분 동안 앉아는 있을 수 있나?'

그러던 것도 한때 한두 달 지나고 나면 아무 일도 일어나지 않습니다. 그리고 급격히 대화도 줄어들고 함께하는 시간도 줄어듭니다. 현실적인 이유 때문입니다. 그 동안 아이를 챙기려고 하지 못했던 여러 사회활동을 자타의적으로 해야만 하는 상황이 생기는 것입니다. 지극히 정상적인 현상입니다. 이제 조금 더 바쁜 엄마아빠가 되었습니다. 효율적으로 아이들과 시간을 보내야 합니다. '효율적?' 참 어려운 단어이지요. 심플하게 딱

세 가지만 기억합시다.

"같은 공간! 공감! 질문!"

• 시간이 있다면 최대한 같은 공간에 있는 것이 중요하다.

'아이에게 무관심한'이라는 타이틀이 어울리는 대표적 신 (scene)이 주말에 혼자 쇼파에 누워 TV를 보고 있는 아빠의 모습입니다. 필자도 종종 연출하는 장면이기도 합니다. 부모의 리프레쉬도 매우 중요하지만 해당 장면이 자주가 되면 곤란하지요. 반성해야 합니다.

▪ 디지털 · 4차 산업혁명 시대의 융합 구조 - 한국교육개발원

	다제적 지식의 합성	학문적 전문성
역량	다제적 지식과 학문에 대한 통찰력, 융합	단열 학문 전문성
학습 · 연구	능동적, 협력적, 경험적 학습 (Acitive, Collaborative, Experiential)	수동적, 강의위주, 교과중심 교육 (Passive, Lecture-based, Curriculum-centered)
문화	인간소통, 협업	자연과학, 공학

융합교육을 실시하는 이유를 설명하며 한국교육개발원에서는 위와 같은 표를 제시하였습니다. 여기에서 중요한 단어가 경험적 학습과 통찰력입니다.

경험적 학습, '봄, 여름, 가을, 겨울, 학교, 가족, 이웃, 우리나

라'는 우리 아이들이 겪는 계절과 가장 가까운 장소, 사람들인데, 생활하면서 경험적으로 느껴야 하는 것을 충분히 느끼지 못한다면, 흔히 이야기하는 연애를 글로 배운 것과 마찬가지인 셈이 됩니다. 때문에 아이와 함께하며 많은 것을 보여주며 들려줄 필요가 있습니다.

• 같은 공간에 있지만 같은 공간에 있는 것 같지 않다.

바쁨을 달고 사는 부모님의 경우 아이에 대한 열정이 오히려 '공감'을 놓치는 오류를 만드는 경우가 있습니다. 상담을 해보면 직업을 갖고 계신 부모님들이 아이에게 무엇을 해주어야 할지 도전적으로 찾는 경우가 더 많습니다. 아이와 할 수 있는 시간이 상대적으로 적기 때문이지요. 그러면 항상 이렇게 말씀을 드리곤 합니다.

"우선 아이의 공간, 즉 아이가 가고 싶어 하는 곳에서 아이와 놀아주세요."

초등학교 1, 2학년은 아직 친구들이 많지 않은 시기라서 학교와 교우들이 어색한 편입니다. 그래서 심리적으로 무척이나 편했던 유치원 같은 환경이 그립습니다.

실제로 이 시기 학교부적응을 겪는 친구들을 보면 '불안한 가정분위기(p.44)'로 편안한 환경에서 여유를 충전하지 못한 채 새로운 집단에 속하면서 우선 눈치를 보는 친구들이 많습니다.

물론 어른스럽고 논리적이라고 부모님이나 주변사람들이 아이에게 칭찬하는 경우도 많습니다. 성향적으로도 정말 의젓하고 성품 좋은 친구도 있습니다. 하지만 어떤 경우는 어른들이 의식적으로 실수하지 않으려는 눈치의 스트레스를 아이들이 너무 빨리 배운 상황도 있습니다. 학원 원장으로서 가정 분위기를 묻기에는 부담스러운 상황이며, 다른 학원도 마찬가지일 것이라 생각되지요.

공감하는 좋은 친구로서, 코칭의 첫발을 뗄 필요가 있습니다. 적극적으로 경청하고 감정에 귀 기울이는 애착어린 공감의 단계가 잘 형성되어야 합니다.

아이와 함께 다양한 기억, 큰 이벤트 등을 남기는 것도 물론 필요하지만, 공감이 이루어지는 것이 우선이며, 아이가 하고 싶은 것, 보고 싶은 것의 선택이 많이 오가며 자연스럽게 다양한 장소를 찾는 것이 중요합니다.

• 통찰력은 질문에서부터!

표에서 나타나는 두 번째 중요한 단어는 통찰력입니다. 洞察(통찰)은 환히 꿰뚫어 보는 능력을 말합니다. 이치를 깨닫는 것이죠. 아이들 중에 기본적으로 질문이 많은 친구가 있기도 하지만, 한편으로는 때에 맞는 좋은 질문을 아이에게 던져줄 필요가 있습니다. 여기서 좋은 질문이란 아이들과 같은 곳을 바라보며, 아이가 대답하고 싶은 질문이 우선이면서 아이가 답을 생각하는 과정에서 원리를 자연스럽게 깨달을 수 있게 하는 질문을 말합니다.

"왜 이 장소가 방금 전에 있었던 곳 보다 땀이 많이 날까?"

"극장에서 영화를 보니까 영화가 집중이 더 잘되지? 왜 그럴까?"

"횡단보도는 어느 위치에 많이 있지? 왜 그럴까? 아파트 단지 앞 사거리에서도 횡단보도를 본거 같은데."

아이와 함께한 공간을 중심으로 궁금증을 발휘하도록 하는 것입니다. 공부에 대입하자면 마치 함께한 공간은 문제를 풀기 위한 '지문'이 되고, 내 질문은 '문제'가 되며 답이 어려울 때는 '보기'를 하나 둘씩 제시하는 것이라 할까요?

질문은 아이의 재능을 확인하기 위한 수단으로 사용하는 경우도 있습니다. '정말 알고 있는 것일까?', '우연은 아닐까?', '내가 생각한 것과 같은 생각일까?'

작년 가을 어느 주말에 부모님, 가족, 가까운 친척들과 함께 모처럼 친할아버지 산소에 벌초를 겸하여 다녀왔습니다. 차로 이동하는 중에 당시 7살 아들 정우에게 지금 가는 곳은 '아빠의 할아버지'가 돌아가셔서 주무시고 계시는 곳이라고 이야기를 해주었습니다. 도착하여 차에 내리자마자 아들 정우가 할아버지에게 물어봅니다. "여기가 '할아버지의 아빠'가 계시는 곳이야?" 무언가 내가 가르쳐준 것과 다르다고 생각이 들 무렵 '아빠의 할아버지' = '할아버지의 아빠'라는 공식이 틀린 것이 아니라는 것을 깨닫고 혹시나 하고 물어보았습니다.

"정우야, 아빠의 할아버지 아니야? 할아버지의 아빠가 아니고?"

"어. 내가 생각해보니까 할아버지한테는 아빠가 될 것 같아서."

이러한 소소한 이야기들이 후에 자기소개서나 소견서를 쓸 때 엄청난 자산이 되며, 우리 아이는 특정 학습 능력이 좋다는 막연한 평가가 확신으로 바뀔 수 있습니다.

이런 질문의 과정은 참 어렵습니다. 빨리빨리를 추구하는 사회생활을 하다가 답답하리만치 여유를 가지고 아이에게 접근해야 가능합니다. 하지만 다른 사람이 아닌 우리아이입니다. 그리고 직접 만져보고 직접 느끼게 해줘야 합니다. 약간 인위적인 부분까지 더하자면, 부모님의 좋은 질문에서 나온 대답도 아이 스스로 찾은 듯 칭찬해줘야 합니다. 아이들이 성장해야 할 인성 요소 중 자아존중감(p.79) 형성의 시작인 것입니다.

2. 초등학교 3, 4학년 - 스스로 고민하고 해결하도록 도와주기!

'무엇을 해야 하나요?'

이 시기 학부모들로부터 가장 많이 듣는 질문이지만, 어디부터 어떤 답변을 드려야 할지 막연한 것이 사실입니다. 그 말을 듣는 필자도 '막연'하지만 물어보시는 학부모님도 '막연'하기 때문에 그야말로 '막연'하게 물어보신다는 것을 압니다.

이 때 아니면 아이에게 자유로운 시간이 없을 것 같아 자유롭게 놀게 하는 것이 맞는 것 같기도 합니다. (막상 밖으로 나가면 함께 놀 친구도 보이지 않고, 그렇다고 당신의 자녀는 혹시 놀게만 하는지 서로 묻기도 어렵지요.) 또 여유 시간을 만들어주면 조금씩 공부해야 하는 것 아닌가 하는 불안함이 많습니다. 학교에서 예전처럼 시험을 보고 부족한 부분을 확인할 수 있는 것도 아니다. 담임선생님과 상담은 'so good'. 그러다 보니 딱히 무엇을 공부해야 할지도 모르겠고요. 그런데 한 번도 시도하지 않은 해결 방법이 있습니다.

'혹시 아이에게 무엇이 하고 싶은지 물어본 적 있나요?'

우리시대의 3, 4학년 시기는 공부에 박차를 가하는 시기였습니다. 중간고사, 기말고사의 과목수도 4교시를 꽉 채워 하루 종일 시험을 치르는 느낌을 받는 교과수가 되었습니다. 때문에 여러 학원을 다니기 시작했고 공부가 필요하다는 개념도 자연스레 세워졌습니다.

그런데 지금은 담임선생님 상담, 통지표, 통신문 모두 원만한 생활을 한다고 말합니다. 물론 보통 친구들과 달리 학습 부진이거나 '경계선지능(p.41)'이 보여지는 경우도 있긴 합니다. 혹여 이러한 의심사항이나 집중력 부족, 불안 등이 느껴진다면 특히 이 시기에 정확히 체크해 볼 필요가 있습니다. 충분히 해결할 다양한 방법이 있으며, 상황에 맞는 학습법과 부모님의 코칭 방법이 있기 때문입니다. 이런 부분이 해결되었다면 아이와 부모에게 필요한 것은 단기 목표입니다.

공부와 밀접한 경시 시험을 해보는 것도 좋고, 여러 단체에서 진행하는 단기 학습 프로그램도 좋으며, 아이의 특기를 찾아볼 수 있는 대회도 좋습니다. 조금 무거울 수 있지만 영재교육원에 도전하는 것도 한 방법입니다. 이 시기의 도전들은 앞으로 해야 할 도전들에 비하여 실패에 대한 리스크가 적습니다. 그리고 뭣 모르고 얻은 경험과 좋은 결과에서 앞으로 또 다른 도전을 할 수 있는 용기(p.78)를 갖게 합니다. 지난 챕터처럼 이번에도 이때 학부모들이 기억할 세 가지가 있습니다.

"아이의 선택, 장점 파악, 기록"

• 아이와 부모 중 학습활동의 선택은 누가 하나요?

수요가 서비스를 만들 듯, 찾아보면 이 시기 우리아이가 할 수 있는 것들이 주변에 참 많습니다. 그런데 이 때 부모님이 앞서 선택히는 경우가 낳은데, 이는 다른 사람이 내가 할 일을 선택해 주는 꼴이 됩니다. 그냥 기분이 나쁘기도 하지만 살짝 솔

깃하여 진행했는데, 만약 그 결과가 좋지 않다면 그에 대한 책임은 모두 그 사람에게 있다고 치부해 버릴 것입니다.

아이들에게 선택할 기회를 주세요. 이는 아이들에게 자아존중감(p.79)을 심어줄 뿐만 아니라 책임감(p.81)을 만들어 주는 역할을 합니다. 이 책임감이라는 요소는 앞으로 자기주도학습을 진행하는 데 아주 큰 힘이 됩니다. 쉽게는 예체능이 필요하다고 생각할 때 어떤 운동, 어떤 악기를 해볼지 아이에게 선택의 기회를 주세요. 또 대회를 나갈 때에도 다양하게 아이들에게 보여주고, 본인이 하고 싶은 것을 도전하도록 해주세요. 교과 학원을 선택할 때도 여러 군데를 보여주고 아이에게 선택의 기회를 줘 보세요. 이 모든 것을 진행할 때 왠지 아이에게 모든 선택권을 주는 것이 불안하다면 작은 Tip을 하나 안내하겠습니다. 선생님이 시험문제를 만들 때 너무 다양한 답이 걱정되면 [보기] 안에서 옳은 것을 고르도록 출제 하는 것처럼 하면 됩니다. 보기에 어떤 것들을 넣을지는 선생님의 선택입니다.

선택 결정만큼이나 빈번히 하는 실수가 또 있습니다.

'이번에 영어 디베이트 수업이 필요할 것 같은데 너무 힘들 테니까 독서학원을 빼야지!'

몇 해 전 실제 있었던 일입니다. 아이가 씩씩대며 수업에 들어오는데, 이미 공부할 분위기가 아니길래, 원장실로 데리고 와서 과자를 건넵니다.

"지안아, 왜 이렇게 기분이 안 좋아?"

"엄마가 영어 학원을 하루 더 다니래요."

"아, 영어 학원 다니기가 싫었구나?"

"아니요, 좀 어려울 것 같지만 영어수업 같이하는 친구들이 모두 같이하는 수업이라 괜찮아요."

"그런데 왜?"

"엄마가 피곤할 것 같다고 독서 학원을 그만 다니래요."

어머니의 머릿속에는 아이가 힘들 것 같다고 판단하여 산술적으로,

영어 학원 = 힘듦(+1), 독서학원 = 힘듦(+1)

$1 - 1 = 0$

$\therefore$ 0 = **힘들지 않음**

을 생각했을 것 같습니다. 하지만 아이의 머릿속은,

영어 학원 = 힘듦(+1), 독서학원 = 재미있음(−1)

$1 - (-1) = 1 + 1 = 2$

$\therefore$ 2 = **매우 힘듦**

이었던 것입니다. 아이에게 무엇인가를 선택하는 것만큼 빼야 할 때도 아이의 의견을 물을 필요가 있습니다.

・모든 학습의 성취도 피드백은 선택이 아닌 필수다.

이는 대학교에서 평생교육사 과정을 이수할 당시 나에게 가장 충격적인 문장이었습니다. 시험에 찌들어 살았다면 평가는 언제나 괴로운 것이 당연합니다. 때문에 시험이 없다면 얼마나 좋을까를 항상 그렸던 것 같습니다. 그러나 진정한 학습자라면 내가 얼마나 이 과정을 이해했는지 스스로 점검하고 싶어 합니다. 실제 평생학습에서는 오히려 평가가 없는 교육은 수강하지 않는 경우가 많습니다.

그런데 우리 아이들이 접하는 교육에는 평가가 있는 경우도 있고, 그렇지 않은 경우도 있으며, 평가의 기준이 모호한 경우도 있습니다. 그런데 평가가 없다면 우리아이의 학습 장점을 확인 할 수가 없습니다.

실제로 아들 정우가 수영학원을 5살 때부터 약 3년간 다녔는데, 물을 무서워하지 않고 즐겁게 활동하는 모습이 좋았습니다. 그런데 올해 초 아이의 엄마가 나에게 물었습니다. '언제까지 접영을 배우는 건지를 모르겠어, 다른 애들은 끝내는 것도 같은데.'

아이가 얼마만큼 성취를 했는지, 또는 어떠한 학습 능력을 가지고 있는지, 또래 집단과 비교하여 어느 수준인지 파악하지 않으면, 적성 또는 특기로 발전하지 못하고, 그냥 경험으로만 남는 경우가 많이 있습니다. 이는 선택적 활동 뿐 아니라 더욱 넓게 생각하자면 학교활동 전반에 더욱 중요합니다.

4) 수행평가
• 학습과제 : 학습자들에게서 성취되기를 기대하는 교육과정상 각 교과 교육목표와 관련되는 것으로, 실제생활에서 보다 의미 있고, 중요하고, 유용한 과제를 의미함.

융합
현상이해

• 수행 : 학생이 단순히 답을 선택하는 것이 아니라, 학생 스스로 답을 구성하는 것 혹은 산출물이나 작품을 만들어내는 것. 태도나 가치관을 행동으로 드러내는 것 등을 모두 포함하는 의미임.

사고력
원리탐구

• 관찰 : 학습자가 수행하는 과정이나 그 결과를 평가자가 읽거나, 듣거나, 보거나, 느끼거나 하는 활동을 모두 포함하는 의미임.

진로적성활동
지식생산

학교에서도 장점을 파악하는 것이 중요합니다. 학습 트랜드에서 이 시기 가장 핵심으로 안내했던 수행평가는 아이의 장점을 찾을 수 있는 가장 큰 활동이자, 가장 공식적인 평가 자료인 학생부에 기록될 수 있는 활동입니다. 수행과정에서 학생 스스로 답을 구성하는 가운데 아이가 어떻게 탐구하고 방법을 찾는지 알 수 있으며, 깊게는 아이의 태도와 가치관도 탐색할 수 있습니다. 하지만 활동한 것에 비하여 학생부의 내용은 충분하지 않을 수 있습니다.

영화 뒷이야기가 궁금하면 감독과 배우의 인터뷰를 찾아보듯 학생부의 내용이 아쉽다면 담임선생님을 찾아가야 합니다. 담임선생님을 찾아가기 전에 1차적으로 담임선생님께서 써주신 학생부를 보지 않고 가는 것은 실례입니다. 마치 영화도 안 보고 영화의 궁금증을 감독에게 물으러 가는 것과 같은 경우입니다. 먼저 우리아이가 어떤 학습 장점을 가지고 있는지 확인해야 합니다.

장점을 확인 하였다면 다음 단계는 장점은 키워주고 단점을 채워주는 플랜을 설계하는 것이 필요합니다. 그것이 학습(탐구 능력, 창의력, 논리력, 분석력, 발표력 등)이 될 수도 있고, 인성(배려, 나눔, 갈등관리, 리더십 등)의 부분이 될 수도 있습니다. 만약 인성적인 요소에 부족한 점이 있다면 이 부분도 간과하지 말아야 합니다. 특히 **협동심(p.83)**과 **상호존중감(p.85)**은 꾸준한 활동을 통하여 성장하게 되므로 다양한 관계와 만남을 연결시켜 주어야 합니다. 특히 성과보다는 함께 만든다는 것에 즐거움을 느낄 수 있는 활동이 좋습니다.

이러한 체크를 꾸준히 해주지 않으면 어떤 진로와 진학의 목표를 설계해 줄 때 조언자로서 준비할 데이터가 없을 수도 있습니다. 그러면 신뢰도가 떨어지게 됩니다. 더 나아가 '**학습부진(p.38)**'이 온다면 그 답을 어디서 찾아야 할지, 언제부터 잘못된 것인지, 학습방법이 맞지 않은 것인지, 적성이 아닌 것인지 판단하기가 어려워집니다.

선택적 활동의 경우는 결과가 좋지 않으면 홀홀 털고 다른 선택을 또 할 수 있지만, 학교의 수행평가는 기록이 남으므로 좋은 피드백을 받지 못한다면 상당히 곤란해집니다. 그리고 고등학교를 졸업할 때까지 만나야 할 평가방법이므로, 만약 수행평가의 학습적인 요소에 불안감이 있다면 수학, 과학 학습이 해답이 될 수 있습니다. 필자가 와이즈만 원장이라는 것 때문에 선입견도 있을 테고, 오히려 신뢰도가 떨어질까 걱정되긴 하지만, 그럼에도 수학, 과학을 통한 해결방법의 타당성을 설명해 보겠습니다.

먼저 수행평가 과제의 특징 자체가 과학적 탐구 방법(문제인 식-가설설정-탐구수행-자료해석-결론도출-일반화)과정과 매우 유사하기 때문입니다. 즉, 과학적 접근 방법이 수행평가에 도움을 줄 수 있다는 것입니다.

또한, 수학은 다양한 지식과 정보를 종합하여 사고하는 과정 에서 꼭 필요한 학문입니다. 특히 사고력 수학은 수학을 기반 으로 스스로 생각해서 문제 해결 전략을 수립하는 연습을 경험 하는 과정입니다. 기사 또는 서적을 읽다 보면 열줄 텍스트 보 다 도표 또는 그래프 하나가 현상을 빠르게 이해시켜 주는 것 을 느껴봤을 것입니다. 사고력 수학 학습을 통하여 학생들은 여러 현상을 그래프 보듯 관계와 변화로 도식화하고, 측정 가능 한 기준과 적합한 값으로 생각할 수 있게 됩니다. 앞서 R&E를 설명할 때 문과에서 논문을 쓰기 전에 조사방법론 이라는 책을 배운다고 안내를 했습니다. 그렇다면 이과에서 이 부분을 배우 지 않는 이유는 무엇일까요? 바로 대학의 이공계 학과에서 수 행하는 모든 과제가 수과학 요소를 기반으로 한 소논문 형태이 기 때문이다.

이렇듯 수행평가가 목표 지점을 찾는 과정이라면 학생들에게 과학적 탐구 역량은 나침반이 역할을, 사고력 수학은 논리적 판 단 기준을 만들어 줍니다. 이것이 바로 효과적인 수행평가에 도움을 주는 수학과 과학의 역할이라 할 수 있습니다.

• 사람은 기록을 남기고 기록은 역사를 만듭니다.

문재인 대통령 정부가 들어서고 여러 가지 혼란스럽던 기록들을 수집하여 정리하는 국가기록원에 대한 뉴스를 본적이 있습니다. 화면 속 기록원 벽면에 이러한 문구가 적혀있었습니다.
'사람은 기록을 남기고 기록은 역사를 만듭니다.'

나라의 기록은 담당을 하는 기관이 있고, 학교 속 기록은 학생부가 있습니다. 그러나 학교 밖 우리아이의 기록은 내가 남기지 않으면 사라지며 역사는 만들어지지 않습니다. 학습 STORY가 남겨지지 않는다는 것입니다. 이 시기 마지막 과정은 기록입니다. 그것이 사진이든, 글이든, 산출물이든 관계는 없습니다. 블로그에 저장을 하든지, 파일을 만들든지, 인스타그램이나 페이스북에 남기든지 뭘 해도 무관합니다. 기록하지 않으면 사라집니다. 마치 필름 카메라에서 인화한 앨범 속 몇 장의 사진이 우리 학창시절의 기억의 샘을 만들어 주는 것과 같다고 할 수 있습니다.

아이의 소리를 듣고 아이의 활동을 점검하며 아이의 모습을 기록합니다.

절에서 영산재라는 의식을 할 때 법주가 먼저 경을 읽으면 바라지가 그 다음 송구를 받아 읽는다고 한다. 경에 집중하는 법주와 달리, 바라지는 여러 사물을 다루고 경을 이어주는 역할을 하는데, 여기에서 '뒷바라지'라는 말이 유래되었다 합니다. 말 그대로 자식 뒷바라지이지만 어쩔 수 없겠지요. 내가 나은 자식이기에 사랑하니까요.

3. 초등학교 5, 6학년 그리고 그 후 - 진로 진학 커다란 그림에 같이 도전하기!

'애가 대답을 안 해요.'

한숨이 가득합니다. 내가 알던 그 친구가 아닌 듯, 말도 안 먹히고 표현을 하지도 않습니다. 그런데 중요한 것은 그런 아이도 속이 터지긴 매한가지입니다. 공부는 잘 안 되고 반 친구들은 저기 저 앞에 있는 것 같고, 어떤 친구는 신이 나서 무언가 멋진 결과물을 보여주며 자랑을 하는데 나는 자신 있는 것이 없습니다. 그렇다고 어떤 친구처럼 어느 분야 하나에 푹 빠져 미래를 꿈꾸고 있지도 않고요.

중요한 것은 그렇다고 시간이 남는 것도 아닙니다. 바쁘면서 힘들고, 공부를 못하는 것도 아닌데, 다른 아이들과 비교해보면 무언가 아쉽기만 합니다.

"우리아이 학습역량, 진로진학목표, 학습계획"

과학에서 힘의 작용, 즉 합력을 계산할 때 벡터 값을 계산하는데, 벡터에는 크게 3가지가 필요합니다. 시작하는 작용점, 나아가는 방향, 그리고 얼마만큼 에너지가 작용하는지에 대한 크기입니다. 우리아이의 장기적 학습 플랜을 설계할 때도 마찬가지입니다. 초등학교 4년의 시간 동안 아이와 부모가 함께 시간을 보내면서 아이의 역량을 파악하고 기록한 것을 바탕으로 우리아이의 학습역량을 정확히 판단하는 것이 시작이라 할 수 있습니다. 그리고 아이를 기준으로 어떠한 방향, 즉 진로진학목표를 잡을지 설계하고 어떠한 공부를 언제까지 어떻게 진행할 것인지를 크게 설계해야 합니다.

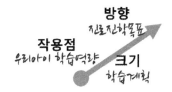

• 우리아이 학습역량 정확히 파악 되었나요?

초등학교 저학년 시기 다양한 활동에 대한 우리아이의 피드백이 진행되지 않았다면 우리아이의 학습역량이 정확히 측정되지 못하였을 수도 있습니다. 앞선 챕터에서 우려하던 그림인 셈이죠. 그리고 복병이 기다리고 있었습니다. 이제 엄마도 아이도 그 존재가 보이기 시작합니다. '엄친아'. 엄마 친구 아이. 비교가 시작되었습니다. 우리 아이도 못하는 것은 아닌데, 각종 대회를 휩쓰는 친구가 생겼으며, 몇 년간 꾸준히 학급회장을 도맡아 하는 학생도 생겨났습니다. 어떤 친구는 영재원을 다닌다고 난리입니다.

주변의 불을 끄고 다시 우리아이에게로 돌아가 봅시다. 다른 아이를 기준 삼기 시작하면 이 시기에 가장 빈번이 발생하는 이유 모를 '학습 자신감 결여'에 빠질 수도 있습니다. 우선 내가 잘하는 것을 기준으로 시작을 해야 합니다. 적성을 찾는 것입니다.

반대로 '학습 자신감(p.52)'이 너무 넘쳐나도 문제가 될 수 있습니다. 흔히 빠른 선행에서 걱정하는 학부모들의 우려가 바로 이 부분입니다. 위에선 각종 대회 또는 학급회장을 도맡아 하는 친구들에게 발생될 수 있는 현상입니다. 지금의 학교 공부를 우습게 생각하는데, 특히 수학 과목에서는 식을 적지 않고 서술하지 않는 모습으로 보여 집니다. 아이는 틀리면 실수로 틀린 것이지 내가 모르는 것은 아니라고 생각합니다. 어려운 문제를 풀었을 때의 칭찬(외적보상)으로 학습을 해왔기 때문입니다.

학습 자신감의 결여나 과잉의 경우, 지표는 정반대지만 해결책은 같습니다. 외적보상보다는 내적보상, 즉 스스로 성장하고 있음을 느끼게 해주는 것입니다. 결국 작은 구멍을 믹기 위한 미봉책보다 조금 더디더라도 공부의 목적을 잡는 것입니다. 조금 늦어지기는 하겠지만 결코 문제가 되는 시기는 아니기에 견고히 목표를 다지고 나아가면 됩니다. '나는 왜 공부하는가?', '나는 무엇을 하고 싶어 공부하는가?'

• 진로탐색 그 깊고도 디테일한 과정

우리 부모의 세대는 다소 맹목적으로 직업을 정했습니다. 대학 전공은 나에게 잘 안 맞는다는 느낌을 지니다가, 무언가 끌리듯 대학교 3학년쯤 되어 갑자기 관심사가 생기기 시작하게 됩니다. 또는 현실에 순응해야만 하기도 했고요. 그런데 생각해보면 내가 어떠한 직업을 선택하게 되면, 그 직업이 어떤 일인지, 그 일을 하고 있는 나는 어떤 능력을 가지고 있어야 하는지 생각해 본적이 많지 않습니다.

진로적합	적성적합	직업가치관
공학, 과학, 의학, 인문학, 예체능, 교육, 인문학 등	신체운동, 손 재능, 공간지각, 음악, 예술시각, 창의, 언어, 수리논리, 자기성찰, 대인관계, 자연 친화	보수, 안정성, 능력발휘, 자율성, 자기계발, 창의성, 사회적 인정

진로정보 사이트 커리어넷(www.career.go.kr)에서는 직업선택을 위한 요소로 위 세 가지를 제시하고 있습니다. 세 가지 모두 하나씩 선택하여 해당하는 직업 한 가지를 고르자는 것은 절대 아니고 조금씩 좁혀나가는 것입니다. 초등학교의 진로진

학은 우리나라 진로교육의 목표에서도 안내되었듯 진로인식을 말합니다. 통신공학기술자도 좋고 인공지능개발자도 좋습니다. 둘 모두 우선 공학계열에 관심이 있는 것이지요. 그리고 지금 교과목에서는 어떤 공부를 해야 할지, 관련대회는 어떤 것이 있는지, 아이와 공감도 가능하고 목적이 되어 도전 동기도 될 수 있습니다.

우리가 농구를 좋아한다고 드리블 방법, 전술, 슛을 잘 넣는 법을 찾아보지는 않습니다. 초등학생 때 처음 농구를 알게 되었을 때 내가 가장 좋아하는 농구선수는 NBA의 매직존슨이었지요. 패스가 화려했고 팀을 조율하는 것이 멋진 포인트가드라는 포지션이었습니다. 그렇게 그 선수를 기준으로 하나 둘 농구의 룰과 전술을 익히면서 농구와 더욱 친해졌습니다. 마찬가지로 선택 직업의 깊이는 중요하지 않습니다.

• 어떠한 속도로 나아갈 것인가?

초등학교 3, 4학년까지만 해도 다양한 이유를 가지고 서로 뛰어남을 인정하던 아이들이 초5, 6학년이 되면 갑자기 똑똑함의 기준이 한가지로 쏠리게 됩니다.

'수·학·선·행'

아이들이 갑자기 머릿속에 딜레마가 옵니다. 나는 리더십이 좋은 아이였는데, 나는 발표를 가장 잘하는 사람이었는데. 언제부터인가 모든 친구들이 한 두 명의 친구들에게 말 그대로 '리

스펙트' 해줍니다.

초등학교 5학년 학생이 학원을 들어옵니다. 평소 사고력을 무척 잘하는 친구였는데, 자신이 수학에 소질이 없다고 최고조로 다운되어 있습니다.

"왜 수학에 소질이 없는 것 같아? 친구들이 정우 똑똑한 것 다 알고 있을 것 같은데?"

"짝 지안이가 중1 수학책을 가지고 와서 문제를 푸는데 저는 모르겠어요."

초5 교실에 인수분해를 배웠다는 학생이 나타나고, 나는 무슨 책인지도 모르는 '실력정석'이라는 책을, 그것도 평소 시덥지 않은 친구가 가져와 푸는 것을 보면, 반 친구들은 모두 그 책을 알고 있다는 듯 주변을 둘러 그 친구를 치켜 세워줍니다.

그러면서 갑자기 아이들이 스마트폰과 게임중독에 빠지기도 합니다. 자신만의 공간에서 예전에 가졌던 **자아존중감**(p.79)을 다시 만나게 됩니다. 게임 레벨로 회복하고 매번 성취해야 할 목표가 제시되어 해결되기도 합니다. 또는 반대로 자신감 있는 공부만 몰두하는 '**공부 편식**(p.49)'에 빠지기도 합니다.

어느 정도의 선행이 필요한지는 대입과 고입을 연결 지어 이미 설명을 했습니다. 그러나 그런 구조적 설명은 아이들에게 먹히지 않습니다. 왜 우리아이에게 이런 일이 발생할까요? '진로-진학-학습'의 연결고리가 완성되었나요?

초 · 중 · 고등학교 학생을 막론하고 학생과 자기소개서를 1:1

정답 없는 입시, 균형이 답이다 · 초등편 ·

로 함께 구성해 보는 시간은 내가 수업 중 가장 소중하게 생각하는 시간입니다. 대입 자소서는 결과에 대한 부담이 커서 서로 딱딱하기도 하지만, 자소서를 함께 구성하는 시간은 언제나 칠판 가득 이야깃거리를 뿌려보고 조각을 맞춰보는 시간입니다. 재미있는 일이지만 자아정체감이 형성된 정도는 나이와는 무관하다는 것을 느끼게 됩니다. 그리고 이때 느껴지는 학생들의 멋진 목표는 미래사회의 희망들을 보여주며 오히려 내 에너지가 충전되고 소명의식이 생기게 합니다. 물론 글감이 많이 나왔을 때 이야기입니다.

자소서 특강을 진행하는 원칙은 '절대' 대신 써주지 않는 것입니다. 거짓말도 안 됩니다. 나나 다른 사람의 입에서 나온 이야기도 안 됩니다. 위 원칙을 어겨봤자 면접에서 다 드러나게 됩니다. 자소서를 예쁘게 잘 써주면 받아보는 부모님이나 학생들은 뿌듯하겠지만, 짧게는 학생 스스로 면접 준비의 자신감이 붙지 않고, 길게는 자신의 발전 측면에서 본인을 돌아볼 기회를 상실하게 됩니다.

특강이 진행되면 토크쇼의 진행자로 빙의가 됩니다. 오늘의 게스트가 최대한 편하게 자기 이야기를 꺼낼 수 있도록 농담도 하고 학생의 관심사에 빠져들기도 합니다. 학습코칭의 시작은 친밀한 관계로 공감을 시작하는 것입니다. 그리고 적극적으로 의사소통을 합니다. 묻고 묻고 또 물어봅니다. 그런데 인세나 자기소개서를 위한 첫 질문은 같습니다. 그리고 이 한마디에 대한 답변 유무에 따라 피로도는 10배 이상 차이가 납니다.

"혹시 장래희망이 무엇이니?"

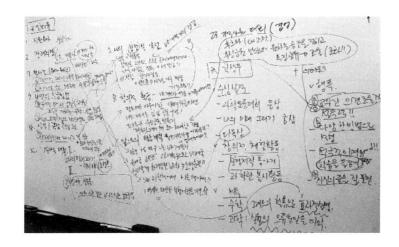

2시간 동안 즐겁게 인터뷰한 내용은 하나 둘씩 칠판 오른쪽에 적습니다. 그리고 학생부에서 미리 체크해 둔 학생의 역량을 보고 아이가 생각해 내지 못하는 자신의 이야기들을 회상시켜 봅니다. 그리고 그 이야기들을 연결하여 자기소개서의 개요를 정리합니다. 장래희망이나 방향이 있는 친구들은 자신이 왜그 활동을 했는지 잘 압니다. 얻은 것도 많습니다.

위 사진의 칠판은 VR개발자가 꿈이었던 친구의 스토리입니다. 너무 이야기가 많아 칠판이 모자를 정도였습니다. 손에 꼽을 만한 친구로 특강 후에 사진으로 남겨두었지요. 학생은 정리되지 않고 기억나는 대로 이야기를 했지만, 자연스럽게 글이 정리되게 됩니다. 학생의 장점은 VR개발자로서의 장점이 되고, 창의적 활동은 VR개발자로서의 역량이 됩니다. 앞으로의 활동 계획은 VR개발자로서 준비하고 있는 학습활동의 확장이 되고, 영재교육원에 입학하고 싶은 이유도 분명하였습니다.

"VR은 현실감이 중요합니다. 과학은 현상을 배우는 공부인데 실제처럼 공간을 꾸미는데 필요한 지식을 실험에서 만날 것 같습니다."

그런데 반대로 꿈이 없다면? 많은 경험의 기록들이 모아지지 않습니다. 제 각각입니다. 긍정의 에너지를 얻고 싶어 기대했던 나의 그 시간에 '무기력, 무동기(p.46)'로 가득한 친구를 만나게 됩니다.

꿈이 있는 친구는 게임이나 단기적인 이슈(가령 친구의 수학 진도나 수상소식)에 본인의 학습 속도가 흔들리지 않습니다. 나에게 맞는 속도를 정확히 분별하고 자신에게 도움이 된다면 주변의 조언도 적극 수용합니다.

이 시기 학습 이슈였던 R&E의 주제도 자연스럽게 꿈과 연결이 됩니다. 힘들기 보다는 오히려 즐겁습니다.

R&E 전	나는 이 프로젝트를 왜 시작하게 되었는가?
R&E 중	R&E 과정에서 나는 무엇을 얻었는가?
R&E 후	향후 발전과제 및 도전 목표는 무엇인가?

이미 체득된 습관처럼 부모님의 역할은 기록자입니다. 위 항목처럼 대회 전, 중, 후를 기록할 필요가 있습니다.

교과와 비교과를 계획적으로 몇 해 스케줄을 만들어 보았던 학생과 학부모는 아래 표처럼 직감적으로 1년의 계획도가 그려집니다. 학생의 1년에 교과와 비교과를 해야 할 적절한 시기가 있다는 것을 직감적으로 인지할 것입니다. 걸어 다니는 스케줄러가 되는 것이죠.

		1분기 12~2월	2분기 3~5월	3분기 6~8월	4분기 9~11월
핵심이슈		학습 분석 및 계획	전략적 비교과	효과적 보완	교과, 입시 성과확인
기간이슈		기말고사, 학생부정정 겨울방학 대회 ·캠프	중간고사, 영재학교 입시 과학의 달 대회 등	수행평가, 기말고사 학교 진로체험활동 여름방학 대회 ·캠프	중간고사, 기말고사 입시, 학생의 날
학습 비중	교과	70%	10%	30%	90%
	비교과	30%	90%	70%	10%

1년을 분기로 4등분하여 간단히 나누어 보고, 교과와 비교과의 집중도를 전략적으로 잡자면 위 표와 같이 그려볼 수 있습니다. 신학기가 시작되는 3월이 아니라 12월을 기준으로 한 해를 계획한다는 것이 다소 엉뚱해 보일 수 있습니다.

그러나 한 해의 학습 결과가 마무리되는 12월 내신 결과와

한해 활동을 정리하고 계획하는 것을 시작으로 1분기로 잡고 연간 계획을 세워야 학습 계획에 누수가 없게 됩니다.

다음은 2분기에 해당하는 1학기는 과학의 달을 필두로 날씨에 맞게 다양한 비교과 활동들이 준비되어 있으므로 연중 가장 비교과의 비중을 크게 할 시기입니다.

3분기는 여름방학이라는 좋은 자율시간이 있습니다. 이 시기는 교과와 비교과가 모두 가능한 시간입니다. 그러므로 내가 부족한 부분이 무엇이었는지 1분기 평가에 맞추어 효과적으로 활동을 보완해야 합니다.

2학기에 해당하는 4분기는 교과 집중의 시기입니다. 학교 등 모든 교육관련 기관에서 입시 및 연말 평가에 집중하기 때문에 4분기는 큰 행사가 있지 않고 흐름에 맞춰 같이 교과에 집중하는 것이 좋습니다.

이렇게 초등학교의 최고 학년까지 마치게 되면 중학교에서 자유학년제를 접하고 그렇게 꿈을 키워가게 됩니다. 학습역량은 교과능력과 달리 한번 체득되면 쉽게 흐트러지지 않습니다. 꿈과 활동이 점점 구체적이 되어가고 그에 맞게 걸어가면 됩니다. 부모는 공감과 적극적 의사소통을 놓치지 않고 아이의 조력자가 되면 됩니다.

시기	꿈	비교과	R&E
초고	과학자	물리동아리	기계과학대회, 탐구보고서물리관련
중등	물리학자	물리학서적독서 과학축전봉사	물리올림피아드, 탐구토론, 산출물, 통계
고등	핵물리학자	등	

그렇게 꿈을 위하여 고입과 대입을 준비하고 도전합니다. 고입과 대입의 매 학기 별 구체적인 공부법은 이 책에 모두 담을 수 없기에 아쉬움을 남기고 마무리 짓도록 하겠습니다. 공부법은 달라져도 미래를 만들어가는 과정은 변함이 없습니다. 자신의 목표를 위한 자존감, 속도에 맞춰 스스로 만든 계획을 실행 가능하게 하는 용기와 책임감, 더 큰 발전을 위한 상호존중감과 협동심이 있다면 분명 끝까지 성공할 것입니다. 아이와 부모가 함께라면!

- 정보에 민감한 초중등 학부모가 되기 위한 필수 사이트!

활동	사이트명		사이트 주소
입학	학교알리미		http://www.schoolinfo.go.kr/
평가방법	에듀넷 · 티-클리어		http://www.edunet.net/
평가결과	나이스		www.neis.go.kr
입시	영재원	영재교육종합정보데이터베이스	https://ged.kedi.re.kr/
	고입	고입정보포털	http://www.hischool.go.kr/
진로적성	꿈길		http://www.ggoomgil.go.kr
비교과	크레존		http://www.crezone.net/

우리아이의 학교생활 그리고 앞으로의 미래를 그려주고 싶은 맘은 간절하지만 말 그대로 '우리 때'와는 완전 학교생활이 달라졌다. 아이는 선생님께서 알려 주시는 진달사항과 중요한 내용을 알림장에 담아온다면 학부모는 한 달 후를 바라보아야 하고, 진로와 진학에 대한 고민도 해야 한다. 매달 중요한 교육정보를 담아 안내를 하고 있지만 궁금증을 해소하는 것은 직접 찾아보는 것이 최고이다. 필요충분조건은 될 수 없지만 '다른 학부모님들은 어떻게 저렇게 교육정보를 다들 알고 있지?'라는 불안감은 최소한 내려놓을 수 있는 온라인 사이트를 소개하고자 한다.

물론 교육 정보를 얻을 수 있는 다양한 사설 사이트 또는 블로그도 있고, 필자의 홈페이지도 있으며 때로는 훌륭한 지역맘 카페도 있지만 전국 모든 학생에게 정보의 기초가 되는 사이트를 선택하였다. 특히 대입에 밀려 정보가 적은 초중등 학생들에게 필요한 기초 사이트를 학교생활과 활동 흐름에 따라 소개한다.

부록

· 입학, 우리 아이가 다니는 학교는 어떤 학교인가요?

[학교알리미] http://www.schoolinfo.go.kr/

우리학교 학생은 몇 명이고 학급 수와 선생님은 몇 명 인지부터 진로 진학사항까지 다양한 학교의 정보를 알 수 있다. 매년 공시항목이 업데이트 되므로 기본적인 학교 정보와 타 학교와의 비교도 가능하다. 또한 학교 홈페이지도 연결되어 있는데 홈페이지에 가입하여 대회 등 주요 학사일정을 점검하는 것도 매우 중요한 요소이다.

· 평가방법, 어떤 수업, 어떤 교육정책으로 학교에서 수업 받고 있을까?

[에듀넷 · 티―클리어] http://www.edunet.net/

일정에 맞추어 교과서가 변경되고 있는 2015 개정교육과정과 학생 결과에 대한 평가에서 학습을 위한 평가 · 학습으로서의 평가로 넘어가는 평가의 패러다임까지 교육정책에 대한 모든 정보를 확인할 수 있는 사이트이다. 학부모 세대와는 다르게 어떤 수업과 평가 속에서 학생들이 지내고 있는지 배울 수 있는 사이트이다. 물론 이 사이트의 자료는 홍보 목적 보다는 정책적 자료가 많이 때문에 공부한다는 느낌이 들 정도로 불편할 수는 있다. 그러나 학생과 학부모 사이가 부모님과 자녀 사이와 달리 대화가 적어지고 틀어지는 이유는 관심 부족보다 대부분 학교생활에 대한 공감 부족에 있다. 어려운 공부가 될 수는 있어도 아이가 느끼고 있는 수업과 학업에 대한 이해는 학부모에게 꼭 필요하다. 특히 매달 교육부에서 발간되는 '행복한 교육'은 즐겁게 학습할 수 있는 인사이트를 제공해 줄 것이다.

• 평가결과, 학교에서 우리 아이는 잘 생활하고 있을까?

[나이스] www.neis.go.kr

학생부종합전형의 비중이 매해 늘어나며 학교생활기록부(이하 학생부)라는 것이 중요하다는 것은 이제 많은 학부모님들이 인지하고 있다. 그런데 입시 전까지 학생부를 확인하거나 활용하는 경우는 많지 않다. 초등학교 1학년부터 고등학교 3학년까지 매년 모든 정보는 나이스 사이트에 입력된다. 입시에 활용하지 않으니 안 봐도 큰 영향이 없겠지 하고 생각할 수 있지만, 절차상 실수로 대회 기록이나 영재교육원, 영재학급, 방과 후 학교 이수내용, 또는 출결사항이 누락되거나 잘못 기재되는 경우도 있으므로 매번 확인이 필요하다. 학생부는 학년 승급하기 전인 2월까지 정정이 가능하므로 매년 확인하고 기록사항을 점검해야 한다. 그리고 학생부를 확인하고 내년도를 준비하는 영리함도 필요하다. 학생이 잘하는 부분을 살려주고 부족한 부분은 보완하는 학습 계획을 세워야 하기 때문이다.

• 입시, 영재교육원, 고입 어디서 정보를 얻나요?

[영재교육종합데이터베이스] https://ged.kedi.re.kr/,

[고입정보포털] http://www.hischool.go.kr/

학교생활에 적응하고 나면 입시라는 전쟁에 눈을 들이게 된다. 그런데 학원의 자료를 보면 왠지 학원논리로 끌려가는 느낌이다. 정확한 정보를 얻으려면 영재교육원 입시는 영재교육종합데이터베이스(이하 GED), 고입은 고입정보포털이 가장 기본이 되는 정보를

제6장 아이와 함께 학습하는 부모 되기

얻을 수 있다. 먼저 GED는 교육청 영재교육원을 지원해 본 친구라면 지원서를 제출하기 위하여 모두 가입이 되었을 것이다. 뿐만 아니라 다양한 영재교육 자료와 전국 영재교육원 요강을 확인 할 수 있다. 그런데 더 중요한 것은 '데이터베이스'라는 점에 있다. 지금은 실시 기간이 짧아 데이터가 활용되지는 않으나 GED는 영재교육 진흥법에 의거하여 한국교육개발원이 운영하는 사이트로 영재교육에 관련된 기관들이 정보를 활용할 수 있다. 영재교육 대상자 선발기관은 영재학급, 영재교육원 뿐 아니라 영재학교와 영재교육연구원 등이 포함되어 있다. 때문에 당장 영재교육원을 지원할 의사가 없는 친구라도 가입되어 본인의 이력을 남긴다면 추후 영재교육원 또는 영재학교 진학 시 좋은 기록이 될 수도 있다.

고입정보포털은 다양한 고등학교의 분류 기준은 무엇이며 입학전형은 어떻게 되는지 확인 할 수 있는 교육부에서 운영하는 공신력 있는 사이트이다. 뿐만 아니라 시도교육청 홈페이지, 진로진학 사이트, 시도별 입학전형 사이트 등의 링크도 있으므로 다양한 고입의 궁금증을 해결할 수 있다. 특히 자사고, 과학고, 외국어고 등 다양한 고교 유형을 분류할 때 입학방법에만 중점을 두고 안내하는 사이트들이 많은데, 목적과 교육과정 등을 정확히 안내하여 학교 선택 시 우리 자녀에게 맞는 학교를 선택할 때 좋은 기준이 된다.

· **진로적성, 학교생활을 넘어 학생의 적성을 찾아보는 다양한 활동을 찾자!**

[꿈길] http://www.ggoomgil.go.kr

이제 학교를 벗어나 다양한 체험활동으로 내 적성과 꿈을 찾아가고 싶다. 꿈길 사이트는 교육부에서 운영하는 사이트로 진로체험에 대한 장을 열어 놓은 사이트이다. 꿈길은 '꿈꾸는 아이들의 길라잡이'라는 뜻의 약자로 다양한 진로 체험 처를 만나 볼 수 있다. 또한 더 자세한 진로에 대한 고민과 진로를 찾기 위한 공부는 앞서 한번 소개하였던 커리어넷 www.career.go.kr에서 가능하므로 체험 처를 찾기 전에 나의 진로심리와 진로 교육을 받아 보는 것도 좋다. 특히 주니어 커리어넷 파트는 저학년이 직업을 탐색하기 수월하다.

만약 너무 많은 자료에 머리가 아프다면 대입정보포털어디가 http://www.adiga.kr/ 사이트를 추천한다. 갑작스럽게 웬 대입인가 생각할 수 있지만, 다양한 초중등 진학 프로그램이 오히려 복잡하게 생각되고 선택이 어려울 수가 있다. 그래서 사회생활을 하는 학부모님들의 눈에서는 오히려 대입정보포털 어디가의 정보를 통하여 어느 학과가 어떤 직업과 연계되고 어떤 공부를 준비해야 하는지를 확인하는 방법이 학생의 진로진학 방향을 잡기 수월할 때가 있다.

제6장 아이와 함께 학습하는 부모 되기

• 비교과 활동, 창의적 체험활동의 도움은 어디서 받나요?

[크레존] http://www.crezone.net/

창의적 체험활동은 자율 활동, 동아리활동, 봉사활동, 진로활동 총 4가지의 활동으로 구성되어 있다. 이 중 진로활동은 앞서 꿈길 등 다양한 사이트를 소개하였으나 나머지 활동을 채우고 나의 스토리를 만들어가는 과정은 여간 복잡한 일이 아니다. 크레존은 각 활동이 어떤 의미가 있는지 무엇을 말하는지 자세히 안내하며 다양한 프로그램을 소개해 주고 있다. 봉사활동의 경우는 학생부기재 요령에도 명시된 http://www.1365.go.kr, http://www.vms.or.kr, http://dovol.youth.go.kr 3개의 사이트에서도 확인 가능하다. 하지만 비교과 부분은 학생의 진학 목표를 찾고 직접 기관을 탐색하여 접촉하는 방법을 추천한다.

학생의 학생부를 처음 펼쳐보면 3번 출결사항이 넘어가면서부터 이 많은 항목을 어떻게 채워나가야 하는지 갑갑해지며 머리가 아파진다. 차근차근 항목을 확인하고 사이트들을 들여다보면 정보의 유용성을 알게 되고 여러 교육 뉴스 중 우리아이의 활동과 접목시킬 것들을 선별할 눈이 생긴다. 진학컨설팅을 하는 사람으로 학부모님의 정보가 많아지면 상담을 위하여 공부할 것도 많아지겠지만, 이런 과정을 통하여 아이를 위한 더 좋은 아이디어들이 만들어지는 긍정적 시너지가 발생할 것이다.

에필로그

:

두 아빠의 결론,
'내 아들, 내 딸' 이라는 생각으로

입시 직전이나 학습의 문제가 발생한 직후, 또는 신학기 학원을 선택하려는 경우, 학부모들의 상담 요청이 쇄도합니다. 모두 빠른 결정과 '정답'이 필요한 시기입니다. 때문에 발병의 원인은 해결하거나 안내하지 못한 채 수술과 같은 선택을 제시해야 합니다. 하지만 이러한 경우 수술처럼 아픔도 따릅니다. 부모님과 학생 사이의 갈등이 생겨날 수도 있고, 같은 증상이 재발할 우려도 있습니다.

같은 성씨에 이름도 유사한 전통미를 보이고 있어서인지 최옥찬 상담사는 가족 같은 편안한 소통에서 세미나를 시작했습니다. 초등학생부터 대학생까지 많은 아이들의 아픔을 직접적으로 만나고 이해하고 소통하고 계셨습니다. 학생들 대부분 고민의 시작이 공부의 목적을 잘못 찾은 허무 또는 부모님과의 이견이었습니다. '아차' 싶었습니다.

'앞서 말한 수술과 같은 학습 지도의 부작용을 너무 간과한 것이 아닐까?'

학습 컨설턴트로서 미안한 마음이 가득했습니다. 덕분에 꾸준히 세미나를 하고 이렇게 책이 발간되었습니다. 그리고 자녀와 부모의 행복, 좋은 학습 선택방법을 상담에서도 조금씩 적용하고 있으며 관련 설명회도 꾸준히 만들어 가고 있습니다.

'내 아들, 내 딸'

학습전문가와 상담전문가로서 학생과 학부모님을 만날 때 가장 훌륭한 접근 방법이라는 것을 알았습니다. 두 남매의 아빠와 세쌍둥이의 아빠로서 많은 아이 중 한 명을 위한 상담이 아니라, 하나 뿐인 내 아이라고 생각하고 접근하면 가장 균형 있는 상담이 가능하였습니다. 공부와 인성교육의 균형, 단기적 학습과 장기적 계획의 균형, 때로는 학원장으로서 해줄 수 없는 부분들도 나타납니다.

결국 진짜 부모님보다는 학생을 이해할 수는 없습니다. 그러므로 학생에게 최고의 학습코치는 언제나 '나의 아이'임이 불변하는 부모들입니다.

우리네 부모님들을 생각하면 종교에서나 나올법한 '맹목적사랑'이 떠오릅니다. 정우와 지안이를 생각하면 그럴 수 있겠다 생각이 듭니다. 아이가 좋은 학위와 직장을 갖는다면 됩니다. 그러나 비록 지금은 학원에서 근무하여 함께하는 시간이 적지만, 옛 어른들과는 다르게 오래오래 자녀들과 함께 하고 싶습니다. 또 자녀들에게도 부모가 평생 가장 좋은 멘토입니다.

바른 입시란 없다.

책을 써 내려가며 주변 공교육, 사교육 관계자들의 의견을 구하며 피어난 논쟁입니다. 지금 대입 시장은 독한 전략과 편법 등으로 쉬운 길을 제시하기도 하고, 기계처럼 컨설팅 된 전략의 틀을 충실히 수행하는 것으로 확률만을 높이기도 합니다. 그러나 이는 입시를 '대학 잘 가는 법'으로 놓고 보편적인 방법을 찾을 경우에 한하는 일입니다.

그러나 입시를 준비하지 않아도 누가 봐도 선발하고 싶은 학생들이 있습니다. 목표가 뚜렷하고 학습을 즐거워합니다. 진학 후에 하고 싶은 계획들이 가득합니다. 이 학생들의 기준은 자신의 진로이며, 부모의 기준은 입시가 아니라 학생(우리아이)입니다.

이 책이 학부님께 좋은 선택과 좋은 코치를 할 수 있는 안내서가 되었으면 합니다. 더 좋은 내용들을 전달해 드리고, 많은 세미나 사례를 만들기 위하여 온라인상에서도 학부모님들의 고민거리를 만나보려고 합니다. 가능하다면 다음 기회에는 사례를 중심으로 학습과 상담이 균형 있게 갖춰진 책으로 또 한 번 좋은 정보를 전달해 드리겠습니다.

아이의 방향을 결정하는 것은 결국 아이입니다. 단, 책 속의 내용은 그 결정을 하는데 과하지도 얕지도 않은 객관적인 정보를 골라 담았습니다.

'인성기반 학습코칭' – '교육현실 접근' – '균형 있는 학습지도'

이렇게 3단계로 책이 이루어졌다고 생각하여 학습코칭 과정에서 고민이 발생할 때마다 꺼내어 보기를 희망합니다. 좋은 부모가 되기를 고민하는 것처럼 저희도 같은 부모의 입장에서 아이를 위한 바른 입시 전문가가 되도록 최선을 다할 것입니다.

MEMO

정답 없는 입시, 균형이 답이다 - 학습균형 초등편 -

초판 발행 2021년 10월 8일

글쓴이 · 최옥찬, 최영득
발행인 · 이낙규
발행처 · ㈜샘앤북스
　　　　신고 제2013-000086호
　　　　서울시 영등포구 양평로22길 21, 선유도코오롱디지털타워 310호
　　　　Tel. 02-323-6763 / Fax. 02-323-6764
　　　　E-mail. wisdom6763@hanmail.net
　　　　ISBN 979-11-5626-357-9　04370
　　　　ISBN 979-11-5626-356-2　04370 (전2권)